うちで作
チャーハンがウマい!

池田書店

はじめに

チャーハンに魅了され、はや20年以上。

ずっとチャーハン好きを隠して生きてきました。周囲の目を勝手に気にして「管理栄養士なのにチャーハン好きなの?」と言われるのが怖かったのです。

しかし、好きなものは好きだ！ と愛が溢れて隠しきれなくなってからは、積極的にチャーハン活動をしてきました。略してチャー活です。ダイエットチャーハンを作ってみたり、キッチンカーで販売してみたり、チャーハンイベントやチャーハンフェスなどのチャー活を行う日々。

そんな中、ある日突然その日はやってきました。この本の編集者でもある池田書店の高橋さんに、まさかの出版のお声がけをいただいたのです。しかも高橋さんもチャーハン愛が熱く、10年もの間このチャーハン企画を温めていたのだとか。わたしはもう運命を感じずにいられませんでした。チャーハンが紡ぐ運命に震えました。そんなわけでこのチャーハン本出版への道はスタートしたのです。

さて、この本を手にとっていただいている皆さんに届けたい想いは、まずはチャーハンの奥深さ、無限の可能性を知っていただきたいということです。そして、「おうちでチャーハンを作るとパラパラにならない」「いつも似たようなチャーハンになってしまう」「なんだかおいしくできない」などの声に対して、おうちでもチャーハンはおいしくできるんだ！ ということを伝えたく、おいしくなるポイントなども含めて、チャーハンの88レシピをこの1冊にぎゅっと詰め込みました。ちなみに88レシピというのはパ《8》ラパ《8》ラにかけています。町中華の名店の味を再現するページや、最高のチャーハンの作り方を研究するページもあります。

この本を読むにあたって最初に、おうちでおいしいチャーハンを作るための５箇条をお伝えします。

【チャーハン5箇条】

一、炒める前に材料をすべて切ってそろえておく

二、油は思い切って多めに使う

三、基本的に中火で炒める

四、鍋は振らない

五、卵とごはんを最初にしっかりと均一に混ぜる

この5箇条をしっかりと守れば、誰でもおうちでおいしいチャーハンを作ることができます。もっとおいしく作るには米をかために炊くこと（水分量を通常の量の 80％に）、具材を細かく刻んで同じ大きさにそろえることも大切です。そうすることでパラパラになり、具材に火が均一に通って、見た目もよくなるからです。

ぜひ、皆さんもこの本を通じてチャーハンの奥深さとおいしさを味わってください。では、無限に広がるチャーハンワールドをどうぞ！！

チャーハン栄養士　佐藤樹里

町中華のチャーハンを再現!

『兆徳』の玉子チャーハン

[材料]

大豆油 …… 大さじ1と 1/2
卵 …… 2個
ねぎ(みじん切り) …… 20g
ごはん …… 400g
うまみ調味料 …… 小さじ1
塩 …… 小さじ 1/2

[作り方]

1、熱したフライパンに油をひいてよくなじませる。
2、強火にし、卵を溶かずに入れて、すぐにねぎとごはんを加えてよく混ぜ合わせる。
3、うまみ調味料、塩で味つけし、全体をよく炒め合わせたら完成。

最高にシンプル『兆徳』の玉子チャーハン

完成！

佐藤 memo

とにかくスピード感が大事！シンプルなチャーハンにコクを出すには大豆油を使います。

『兆徳』さんに手早く仕上げるシンプルチャーハンの極意を取材！

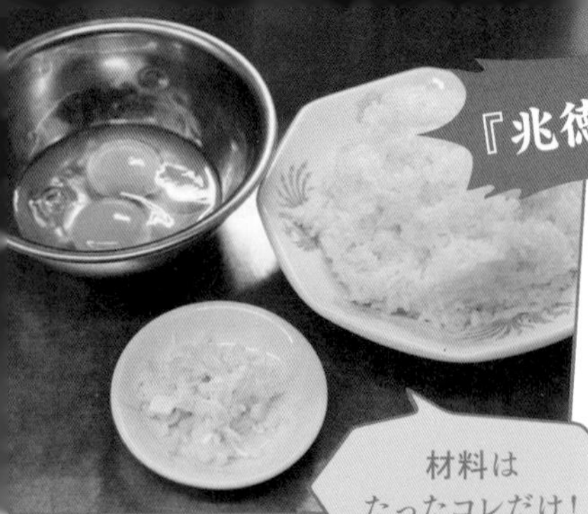
たったコレだけ！

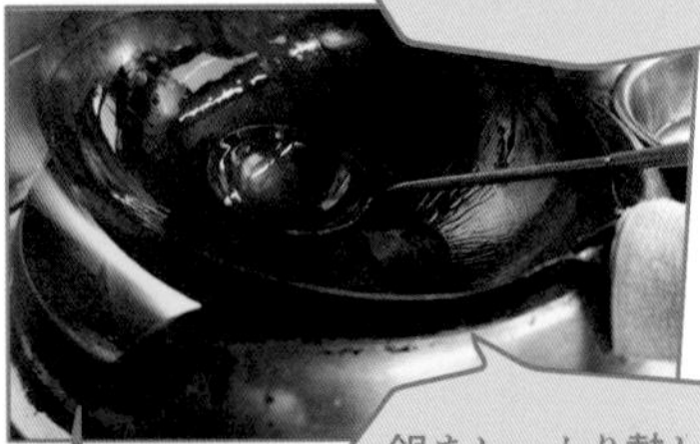
鍋をしっかり熱して

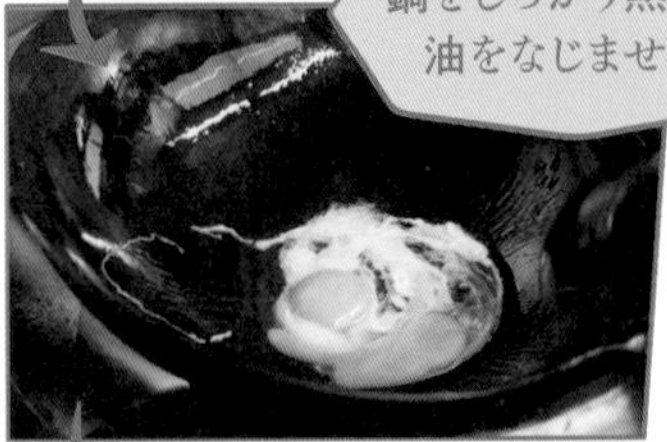

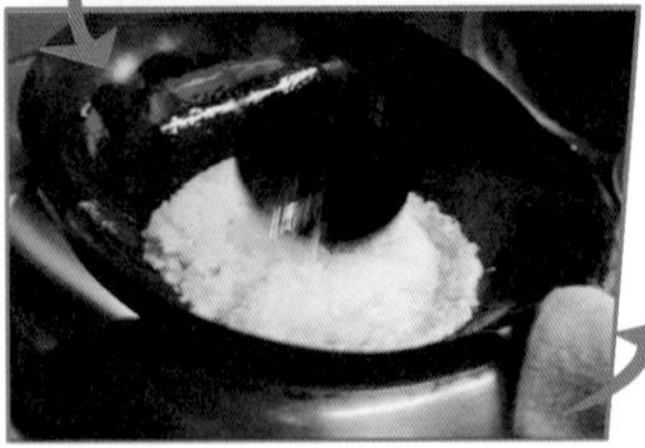

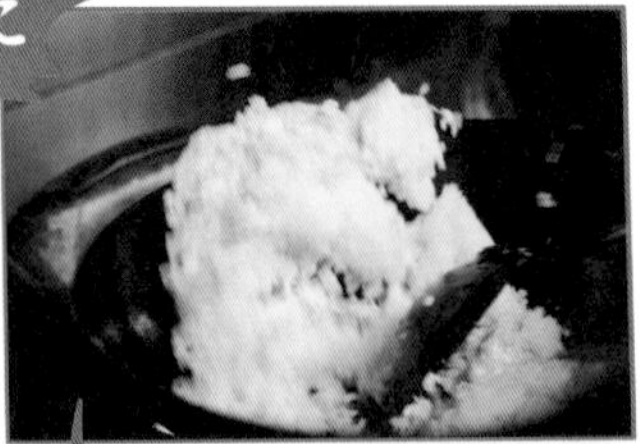

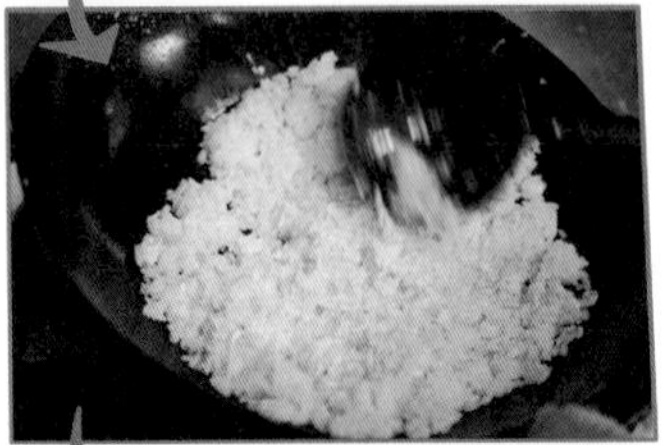

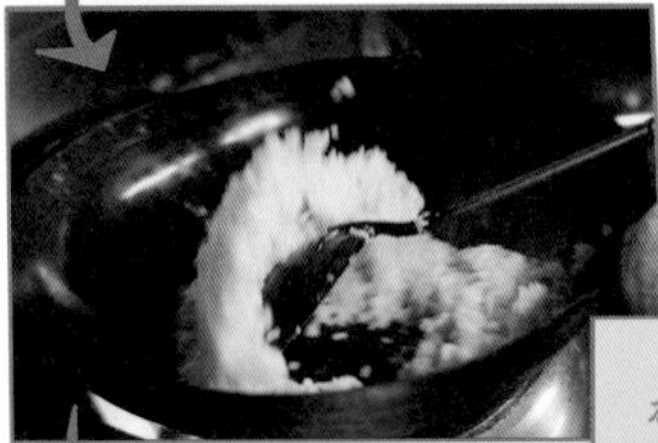

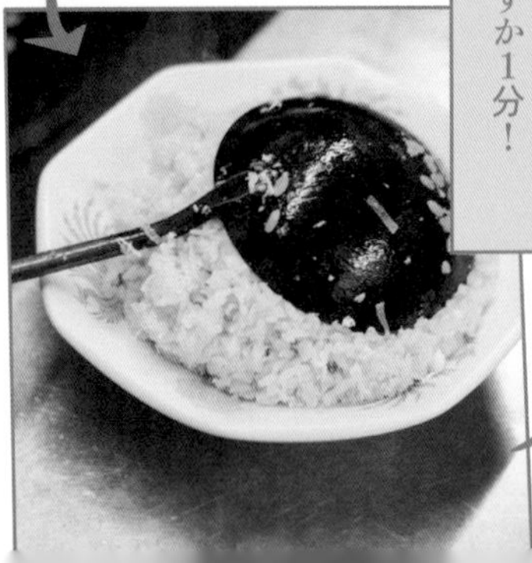

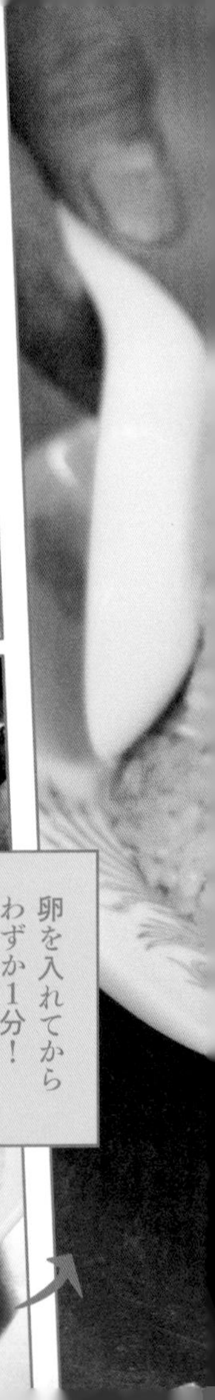

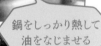

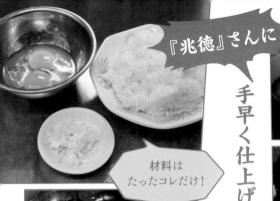

これが「究極のチャーハン」

味はもちろん居心地もいい名店

町中華にハマるキッカケとなった“兆徳”。活気溢れる店内や、みんながチャーハンを笑顔で食べている光景。そして店主の朱徳平さんが、なんとも明るく気さくに話しかけてくれて、初訪問のときにその温かい笑顔に心がホッとしたのを今でも覚えている。カウンター越しに見える鍋振りの手際のよさには、思わず目が釘付けに。瞬く間に、黄金に輝くチャーハンが現れる。あぁ、それがめっちゃくちゃおいしいんだよなあ。しかも安い。とても安い。そんな町中華の魅力を初めて私に教えてくれたのが兆徳なのだ。

中華兆徳

東京都文京区向丘
1-10-5
TEL：03-5684-5650

おいしいチャーハン
作るなら水を少なめ（80%）
にして炊くといいよ！

朱徳平店長

Contents

コラム

※レシピには#パラパラ、#しっとり、#がっつり、#編集部オススメ！など、チャーハンの属性を表すキーワードをつけました。お好みのチャーハンを探すときにご活用ください。
※本書のチャーハンレシピの材料は特に記載がないかぎり、1人分です。
複数人分を作る場合でも、1人分を1回ずつ作ることをオススメします。
※本書のチャーハンは、基本的にフライパンひとつで作ります。火力は基本的に中火ですが、町中華の再現レシピなど強火、弱火にするときはレシピに記載しています。
※材料にある「鶏ガラ（顆粒）」は、「丸鶏がらスープ（味の素）」を使用しています。
お好みのメーカーのものをご使用ください。なお、材料は作り方の登場順に掲載しています。
※水溶き片栗粉は、水1：片栗粉1の比率で溶いています。
※卵はMサイズ（正味約50g）を使用しています。にんにくやしょうがの1かけは約10gです。

チャーハンレシピ

＼パラパラ！／

88品

普通のフライパンで、家庭の火力で、
冷蔵庫にあるもので、お店に負けないチャーハンを作る。

冒険心と真心を忘れずに。

これが本書の基本コンセプト。
アレンジしたってOK。
あなただけの一皿を見つけてほしい。

PART 1

定番チャーハン

定番チャーハンは、シンプルだからこそ難しい。
とはいえ、基本の作り方は一緒。
これをマスターすれば
どんなチャーハンにもアレンジが可能です。
まずはこの一皿を作ってみましょう！

卵とねぎのシンプルチャーハン

#パラパラ #中華風 #ねぎが主役! #究極のシンプル!

**チャーハンを愛する著者が考える究極のベーシック。
家庭の火力でも十分にパラパラになる**

[材料]
サラダ油……大さじ1と1/2
卵……1個
ごはん……180g
鶏ガラ（顆粒）……小さじ1/2
塩、こしょう……適量
ねぎ（粗みじん切り）……1/3本

[作り方]
1、熱したフライパンにサラダ油をひき、中火で溶いた卵を入れて軽く混ぜる。卵が半熟程度になったらごはんを加えて全体を炒める。
2、鶏ガラと塩、こしょうを入れて味をつける。
3、ねぎを入れて全体をよく炒め合わせたら完成。

point

できたチャーハンをぎゅうぎゅうにお茶碗に詰めて、お皿を被せてお茶碗ごとひっくり返せば、町中華のようなチャーハンの盛りつけができます。

＼ 火にかけて1分半でできる! ／

基本のチャーハンの作り方

12 ページのシンプルチャーハンの作り方を
コマ送りで解説します。

使うのはコレだけ

最初にすべての材料を準備する

① ねぎは十字に包丁を入れて粗みじんにする。

ごはん180gに対して卵1個

② 卵は混ぜすぎず、10 ～ 15 回程度に。

0:00

③ フライパンはしっかり熱して油をなじませる。

0:10
炒めるときは
中火！

④ 卵が半熟状態でごはんを加える。

最初にごはんと卵を
均一に混ぜる

フライパンは
振らない!

⑤ ごはんを切るように、ヘラを縦横に入れる。

⑥ 混ぜながら鶏ガラ、塩、こしょうを加える。

⑦ ねぎを加えて全体を炒め合わせる。

⑧ ねぎが混ざり合ったら火を止める。

完成〜!

どんなチャーハンを作るとしても
基本が大切なので、カラダで覚えてしまいましょう。

4つの材料を同じ大きさに切るのがコツ。
見た目もおいしく、さらに味わいが深くなる

五目チャーハン

#パラパラ #中華風 #豚肉 #みじん切りがうまい！

[材料]

サラダ油……大さじ1
卵……1個
ごはん……180g
A ハム（みじん切り）……2枚
　チャーシュー薄切り（みじん切り）……2枚
　ねぎ（みじん切り）……1/3本
　高菜（みじん切り）……20g
塩、こしょう……適量
しょうゆ……小さじ1
酒……小さじ1

[作り方]

1、熱したフライパンにサラダ油をひき、中火で溶いた卵を入れて軽く混ぜる。卵が半熟程度になったらごはんを加えて全体を炒める。
2、Aを加えてさらに炒め、塩、こしょうで味つけする。
3、しょうゆは鍋肌から入れ、酒をふりかけて全体をよく炒め合わせる。

point

具材多めのチャーハンを作るときは、サイズをできるだけそろえて切ることがポイントです。ごはん粒より大きめの1cm角くらいでそろえるようにしましょう。

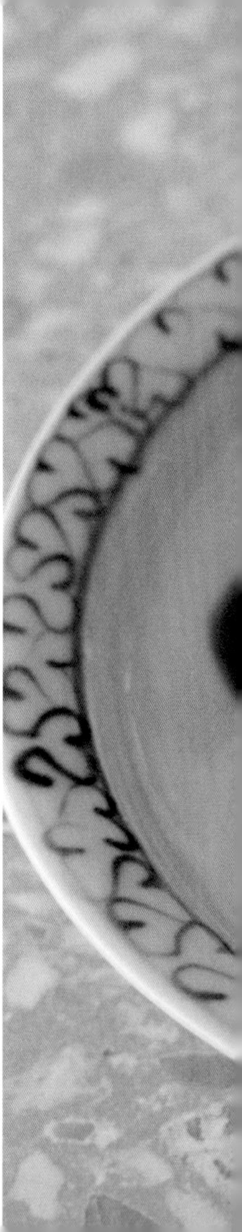

かにカマはみじん切りでポテンシャルを引き出す

かにカマチャーハン

#パラパラ #中華風 #魚介類

[材料]

サラダ油…… 大さじ1
卵…… 1個
ごはん…… 180g
かにカマ（みじん切り）…… 5本
ねぎ（みじん切り）…… 1/3本
A | 鶏ガラ（顆粒）…… 小さじ1
  | 塩、こしょう…… 適量
飾り用かにカマ…… 1本

[作り方]

1、熱したフライパンにサラダ油をひき、中火で溶いた卵を入れて軽く混ぜる。
2、卵が半熟程度になったらごはんを加えて全体を炒め合わせ、かにカマ、ねぎを加えさらに炒める。
3、Aで味つけして器に盛り、仕上げにかにカマをさいて飾る。

[材料]

むきえび…… 6尾
片栗粉…… 適量
サラダ油…… 大さじ1
卵…… 1個
ごはん…… 180g
ねぎ（みじん切り）…… 1/3本
コーン缶（粒）…… 大さじ3
A | 鶏ガラ（顆粒）…… 小さじ1
| 塩、こしょう…… 適量

[作り方]

1、むきえびは水分をキッチンペーパーで拭き取り、片栗粉をまぶしておく。
2、熱したフライパンにサラダ油大さじ1/2をひき、1のえびの両面を焼き、取り出しておく。
3、フライパンに残りの油を熱し、中火で溶いた卵を入れ軽く混ぜ、卵が半熟程度になったらごはんを加えて全体を炒める。
4、2のえび、ねぎ、コーンを加えてさらに炒め、Aで味つけしてさっと炒めて完成。

プリッとえび！プチッとコーン！

えびチャーハン

#パラパラ #食感◎ #中華風 #魚介類

チャーシューゴロゴロチャーハン

#パラパラ #がっつり #中華風 #豚肉 #漬け込み肉

チャーシューは贅沢にゴロゴロッと切る！
見た目も満足な一品

[材料]

チャーシュー …… 100g（市販のものでOK、22ページに作り方あり）
サラダ油 …… 大さじ1
卵 …… 1個
ごはん …… 180g
ねぎ（みじん切り）…… 1/3本
A 鶏ガラ（顆粒）…… 小さじ1
塩、こしょう …… 適量

[作り方]

1、チャーシューは2㎝の角切りにし、レンジで20秒ほど加熱しておく。
2、熱したフライパンにサラダ油をひいて中火にかけ、溶いた卵を入れて軽く混ぜ、卵が半熟程度になったらごはんを加えて全体を炒める。
3、チャーシュー、ねぎを加えてさらに炒め、Aで味つけして炒め合わせる。

\ 1時間漬けて準備! /

チャーハン専用チャーシューの作り方

市販のチャーシューもいいですが、
せっかくチャーハンにこだわるなら、
自家製チャーシューを
作ってみましょう!

[材料]

豚肩ロース肉 …… 500g

A
- 酒 …… 1/2 カップ
- しょうゆ …… 大さじ 4
- 砂糖 …… 大さじ 1
- うまみ調味料 …… 小さじ 1
- 水 …… 1 カップ

＼ 作ってみましょう! ／

① フォークで穴をあけ、味を染み込みやすくする。

揉み込んで
1時間つけ置く

② 密閉袋に豚肉と A を入れてよく揉む。

フライパンに
油（分量外）を
ひいて中火
適量の酒(分量外)
を入れ蓋をする

③ 表面が焼けたら蓋をして、弱火で 30 分煮る。

蓋をして煮る

④ 密閉袋に残った A を加えてさらに 10 分煮る。

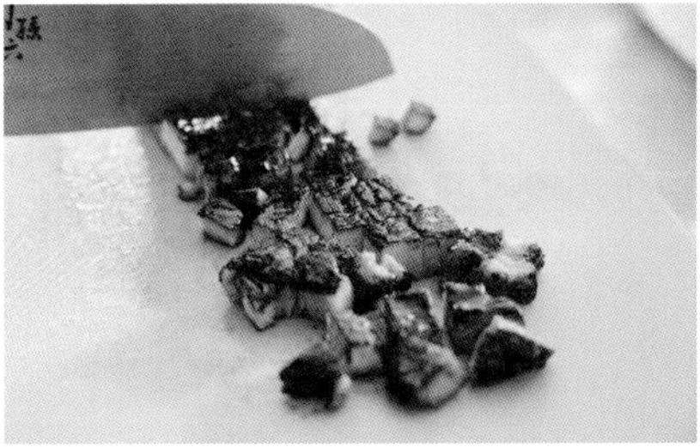

⑤ 1cm ほどの角切りがチャーハンに使いやすい。

＼ チャーハンにイン! ／

レタスは入れてさっと炒めるだけ！

レタスチャーハン

#パラパラ　#中華風　#レタス　#究極のシンプル！

［材料］

レタス……2枚
ごま油……大さじ1
卵……1個
ごはん……180g
ねぎ（みじん切り）……1/3本
A｜鶏ガラ（顆粒）……小さじ1
　｜塩、こしょう……適量

［作り方］

1、レタスはひと口サイズにちぎっておく。
2、熱したフライパンにごま油をひいて中火にかけ、溶いた卵を入れて軽く混ぜ、卵が半熟程度になったらごはんを加えて炒める。
3、ねぎを加えてさらに炒め、Aで味つけし、レタスを入れさっと炒めて完成。

これがキムチャーの大正解！
マヨネーズを入れてマイルドに

豚キムチチャーハン

#しっとり #豚肉 #漬物 #にんにく

[材料]

ごま油……大さじ1
にんにく（チューブ）……3cm
豚バラ肉（2cm幅に切る）……50g
卵……1個
ごはん……180g
キムチ（粗みじん切り）……70g
ねぎ（みじん切り）……1/3本
マヨネーズ……小さじ1
A｜鶏ガラ（顆粒）……小さじ1
　｜塩、こしょう……適量
しょうゆ……小さじ1

[作り方]

1、熱したフライパンにごま油をひき、中火でにんにくと豚肉を入れ、豚肉に火が通るまで炒め、端に寄せる。
2、溶いた卵を入れ、ごはんを加えて全体を炒め、キムチ、ねぎ、マヨネーズを加えてさらに炒める。
3、Aで味つけし、最後にしょうゆを鍋肌から入れてさっと炒める。

ごま油の風味と野沢菜がたまらない大人気の一皿

野沢菜チャーハン

#パラパラ #和風 #漬物 #残りがち

[材料]

ごま油 …… 大さじ1
卵 …… 1個
ごはん …… 180g
野沢菜（みじん切り）…… 40g
ねぎ（みじん切り）…… 1/3本
A めんつゆ（2倍濃縮）…… 小さじ1
  塩、こしょう …… 適量
白ごま …… 適量

[作り方]

1、熱したフライパンにごま油をひき、中火で溶き卵を入れて軽く混ぜる。
2、卵が半熟程度になったらごはんを加えて全体を炒め、野沢菜、ねぎを入れてよく炒める。
3、Aで味つけし、仕上げにごまを入れさっと炒める。

シーフードミックス“が”いい！　簡単なのに絶品！

海鮮チャーハン

#パラパラ　#中華風　#魚介類　#にんにく

[材料]

シーフードミックス …… 100g
オリーブオイル …… 大さじ1と1/2
にんにく（チューブ）…… 3㎝
卵 …… 1個
ごはん …… 180g
ねぎ（みじん切り）…… 1/3本
A｜鶏ガラ（顆粒）…… 小さじ1/2
　｜塩、こしょう …… 適量

[作り方]

1、シーフードミックスは解凍して水気をきる。
2、熱したフライパンにオリーブオイル大さじ1/2をひき、中火でにんにく、シーフードミックスを入れ、塩、こしょう（適量・分量外）をふって炒め、端に寄せる。
3、オリーブオイル大さじ1を熱し、溶いた卵を入れ、半熟程度になったらごはんを加えて全体を炒める。
4、ねぎを加えてさらに炒め、Aで味つけしてさっと炒める。

簡単さっぱり！
酸辣湯風スープチャーハン

#スープ　#中華風　#アイデア　#にんにく

［材料］

ごま油……大さじ1
にんにく、しょうが（各チューブ）
……各2㎝
豚バラ肉（2㎝幅に切る）……50g
卵……1個
ごはん……180g
塩、こしょう……適量
ねぎ（みじん切り）……1/3本
フリーズドライスープ（酸辣湯味）
……1袋
スープ用お湯……規定量

［作り方］

1、熱したフライパンにごま油をひいて中火でにんにく、しょうがを入れて豚肉を炒め、端に寄せておく。
2、溶いた卵を入れ、半熟程度になったらごはんを加え、全体をよく炒めて塩、こしょうで味つけし、ねぎを入れて全体を炒め合わせ、器に盛る。
3、市販のフリーズドライスープに適量のお湯を入れて混ぜ、チャーハンにかけて完成（チャーハンの周りにかけると見栄えがよい）。

point

スープはお好みの種類で楽しめます。酸辣湯スープのほか、中華かき玉スープやフカヒレスープもチャーハンとの相性が抜群です。

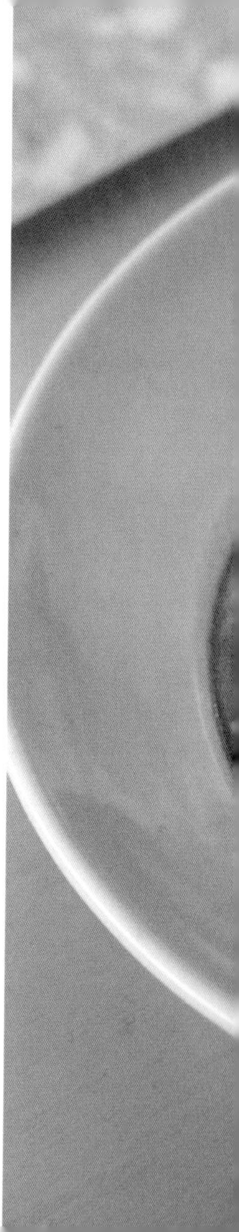

フリーズドライのスープを活用！
いろいろなスープで試してみて

一緒に飲みたい！ スープを作ろう！

お店でチャーハンを頼んだら、必ずセットでついてくるスープ。
せっかくなので、おうちチャーハンにもこだわりスープを添えてみましょう！

定番中華スープ

[材料（2人分）]

ねぎ……1/3本
水……400mℓ
A | 鶏ガラ（顆粒）……小さじ2
しょうゆ……大さじ1
ごま油……小さじ1/2
塩、こしょう……適量

[作り方]

1、ねぎは粗めのみじん切りにする。
2、鍋に水を入れて沸かし、1のねぎとAを入れ、ひと煮立ちさせる。

あっさり鶏パイタン

[材料（2人分）]
水……400mℓ
手羽元……4本
ねぎ（青い部分）……1本分
にんにく（みじん切りまたはチューブ）……小さじ1
しょうが（みじん切りまたはチューブ）……小さじ1
塩……小さじ1
ねぎ（白い部分）……1/3本

[作り方]
1、鍋に水を入れ、手羽元、青ねぎ、にんにく、しょうがを入れて強火で加熱する。
2、1にアクが出たら取り除き、塩を入れ蓋をして弱火で30分ほど煮込む。
3、青ねぎを取り除き、斜め切りにした白ねぎを加えて完成。

日本人のソウルスープ

日本人がごはんとともにいただく汁物といえば、やはり味噌汁でしょう。これはチャーハンとなっても変わらぬ欲求です。具材もアドリブで作れるから、その点でもチャーハンとの相性は抜群です。本書で紹介しているチャーハンの「# 和風」がついたレシピとは特に相性がいいので、好みの具材で作ってみてください。

町中華の
チャーハンを再現!

『丸福』のチャーハン

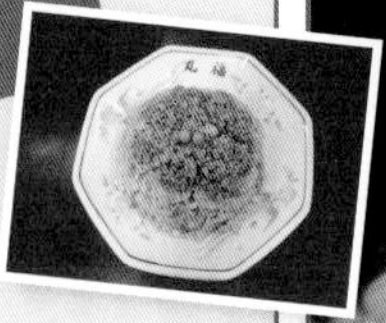

[材料]

チャーシュー …… 40g
玉ねぎ …… 40g
ハム …… 20g
ラード …… 適量
卵 …… 1個
ごはん …… 180g
A うまみ調味料 …… 小さじ 1/4
　塩 …… 小さじ 1/4
　こしょう …… 少々
ごま油 …… 少々
だししょうゆ …… 小さじ 1
グリンピース …… 2粒

[作り方]

1、チャーシューは細かくみじん切りにし、玉ねぎ、ハムは5㎜角に切る。
2、フライパンでラードを強火にかけて鍋肌になじませる。ラードは少し固形が残るくらいまで液状に戻す。
3、溶いた卵を入れ、卵が半熟程度になったらごはんを加えて全体を炒め、玉ねぎ、ハムを加えてさらに炒めＡで味つけし、ごま油を入れ、だししょうゆを入れてこしょう（分量外）をふる。
4、お碗を用意し（13 ページ参照）、底に 1 のチャーシューだけを入れてチャーハンを盛り、器にひっくり返して盛ったら仕上げにグリンピースをのせる。

チャーシューたっぷり!

『丸福』のチャーハン

完成!

佐藤 memo

お店秘伝のタレは「だししょうゆ」を使って再現しました。

中華料理 丸福

東京都板橋区前野町 4-17-2
TEL：03-3960-3986

PART 2

カロリーチート チャーハン

たまにはカロリーを気にせず
食べる日（チートデイ）をもうけてみては？
おうちにある材料で手軽に
ガッツリいけたら最高じゃないですか？
そんな想いから生み出された
大満足チャーハンをどうぞ堪能あれ。

たらこバターチャーハン

#しっとり #和風 #バター #魚介類

［ 材料 ］

たらこ …… 1腹
サラダ油 …… 大さじ1
ごはん …… 180g
ねぎ（みじん切り）…… 1/3 本
バター …… 10g
しょうゆ …… 小さじ1
塩、こしょう …… 適量
刻みのり …… 適量

［ 作り方 ］

1、たらこは薄皮を取ってほぐしておく。
2、熱したフライパンにサラダ油をひき、中火でごはんを炒め、たらことねぎを加えて全体を炒め合わせる。
3、バターを加えてよく混ぜ、しょうゆ、塩、こしょうで味をつける。盛りつけてのりを散らす。

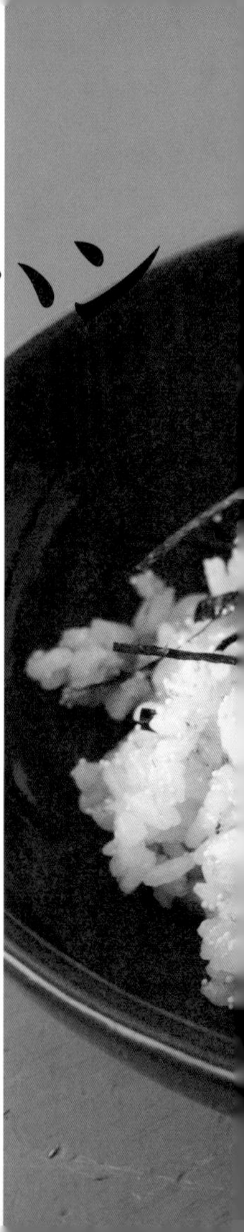

たらことバターは米にも合う！
やみつきになるおいしさ

のり塩ポテチのチャーハン

#パラパラ　#豆苗　#食感◎

パリパリ食感を残すなら
ポテチは最後にあえるだけでOK！
あえてのシナシナもあり！

[材料]

サラダ油……大さじ1
卵……1個
ごはん……180g
ねぎ（みじん切り）……1/3本
ハム（みじん切り）……2枚
A｜鶏ガラ（顆粒）……小さじ1
　｜塩、こしょう……適量
しょうゆ……小さじ1
のり塩ポテトチップス……適量
豆苗……1/8パック（2cm長さに切る）
飾り用ポテトチップス……適量

[作り方]

1、熱したフライパンにサラダ油をひき、中火で溶いた卵を入れて軽く混ぜ、卵が半熟程度になったらごはんを入れて炒める。
2、ねぎ、ハムを加え、Aで味を調え、鍋肌からしょうゆを入れて炒め合わせる。
3、火を止め、ポテトチップスを入れて余熱で軽く炒める。器に盛り、豆苗、ポテトチップスを飾る。

カロリーチートチャーハン

コンビーフとわさびがベストマッチ！
ツンとした辛みがクセになる

[材料]

らっきょう …… 5粒
マヨネーズ …… 大さじ1
コンビーフ …… 1/2 缶
サラダ油 …… 大さじ 1
卵 …… 1 個
ごはん …… 180g
ねぎ（みじん切り）…… 1/3 本
バター …… 5g
塩、こしょう …… 適量
わさびしょうゆ …… 小さじ2
飾り用わさび …… 適量

コンビーフチャーハン わさびしょうゆ風味

#しっとり #和風 #バター
#缶詰 #スパイシー

[作り方]

1、らっきょうをみじん切りにし、マヨネーズ、コンビーフと混ぜる。
2、熱したフライパンにサラダ油をひき、中火で溶いた卵を入れて軽く混ぜ、卵が半熟程度になったらごはんを加えて全体を炒める。
3、1の半量とねぎを入れてよく混ぜ、バターを加えて炒める。
4、塩、こしょうで味つけし、わさびしょうゆを全体にふりかけて混ぜ合わせ、器に盛りつけ、1の半量とわさびを飾る。

スパム缶チャーハン

スパムの塩味が効いてる！
大きさはお好みで

#パラパラ #豚肉 #缶詰 #沖縄風
#にんにく #がっつり

[材料]

スパム缶（ランチョンミート）…… 80g
ごま油 …… 大さじ1
にんにく（チューブ）…… 3cm
卵 …… 1個
ごはん …… 180g
ねぎ（みじん切り）…… 1/3 本
塩、こしょう …… 適量
ゆで卵 …… 1個

[作り方]

1、スパムは2cmの角切りにする。
2、熱したフライパンにごま油をひいて中火にかけ、にんにく、スパムを入れてスパムに焦げ目がつくまで焼いて端に寄せておく。
3、溶いた卵を入れ、半熟程度になったらごはんを加えて全体を炒め、ねぎも入れて塩、こしょうで味をつけ、器に盛り、大きめに切ったゆで卵を飾る。

[材料]

冷凍（残った）鶏からあげ …… 2～3個
飾り用からあげ …… 3個
サラダ油 …… 大さじ1
卵 …… 1個
ごはん …… 180g
紅しょうが（みじん切り）…… 大さじ 1/2
鶏ガラ（顆粒）…… 小さじ 1
ねぎ（みじん切り）…… 1/3 本
塩、こしょう …… 適量

[作り方]

1、電子レンジでからあげを加熱し、飾り用以外のからあげをひと口大に切る。
2、熱したフライパンにサラダ油をひき、中火で溶いた卵を入れて炒め、卵が半熟程度でごはんを加え、全体をよく炒める。
3、1 のからあげ、紅しょうが、鶏ガラを入れて炒め合わせ、ねぎを入れ、塩、こしょうで味をつける。器に盛り、飾り用からあげとお好みでマヨネーズを添える。

ごろっとからあげチャーハン

#パラパラ #和風
#鶏肉 #残りがち
#がっつり
#こってり

こどもも大好きな組み合わせ！
大人は刻み紅しょうががアクセントに

牛すじ煮込みの和風あんかけチャーハン

#しっとり #和風 #牛肉 #スパイシー #がっつり #こってり

牛すじ煮込みのパックを使えばOK！ 簡単手軽な本格派

［ 材料 ］

牛すじ煮込みパック …… 1袋
サラダ油 …… 大さじ1
卵 …… 1個
ごはん …… 180g
ごぼう（粗いみじん切り）…… 25g
A｜塩、こしょう …… 適量
　｜七味とうがらし …… 小さじ1/2
ねぎ（輪切り）…… 約10㎝
七味とうがらし …… 適量

［ 作り方 ］

1、牛すじ煮込みはひと口大に切って耐熱容器に入れ、電子レンジで軽く加熱する。
2、熱したフライパンにサラダ油をひき、中火で溶いた卵を入れて軽く混ぜ、半熟程度になったらごはんを加えて炒め、ごぼうを入れてさらに炒め、Aで味つけする。
3、チャーハンを器に盛り、1の牛すじ煮込みをかけ、ねぎと七味を散らして完成。

フライパンで作る

最強チャーハンの組み合わせ大研究

「ごはんの種類」や「油の種類」、「卵の混ぜ方」など、おいしいチャーハンを作るために必要な要素を6つ挙げて、おうちで作る最適な組み合わせを探してみました！

研究員は著者の佐藤とこの３人！

編集T
チャーハンを食べるのも作るのも大好きな編集者。料理は日常的にする。

編集W
某レシピサイトの運営に携わるも、なんでもおいしいと感じる舌バカ中年編集者。

編集M
実家暮らしながら、料理が得意な 20 代新人編集者。おいしいものには目がない。

ごはん

チャーハンの味や食感の大部分を占めるごはん。同じシンプルチャーハンを作って炊き加減や種類を変えて比較しました。

パラパラ！
お店の感じ！

（かためー）

おうちで作る
いつもの味に

（ふつう）

お母さんの
チャーハン！

（やわらかめ）

T
お店で食べるチャーハンのかたさ。冷めるとかたさが際立ってくる。

W
パラパラになってお店感が出る。卵と油でしっかりコーティングされている。

T
うちで作って食べているチャーハンになった。かための米に比べもちもちしている。

M
食材がなじんでいる感じがする。これぞおうちで食べ慣れているチャーハンという感じ。

T
もっちりしている。やわらかくておいしい。

佐藤
母のチャーハンを思い出す（いい意味で）。

もっちもち！

（ 玄米30％ ）

T：ふつうのごはんと変わらない食感。わずかに玄米を感じる程度。あまり差がない。

M：味は変化なし。若干かためかも。栄養を気にする人はこちらがいいのかもしれない。

ぱさぱさ…

（ 玄米100％ ）

佐藤：パラパラというよりは、ぱさぱさしている。お酒を入れたらちょうどよくなるかも。

M：歯応えがいい。さっぱりしている感じ。よく噛むので満腹中枢は刺激される。

パラパラ！

（ ジャスミン米 ）

佐藤：かためよりもパラパラした。香りはしたけどほのかな感じ。

W：できたての中では一番おいしい！ いろんなチャーハンに合いそう。

やわらかい！

（ パックのごはん ）

M：炊飯器のごはんのほうがおいしかった。チャーハンにしなくていいのかも。

佐藤：やわらかくてもっちりはしている。水分があった。玄米入りにしたら食べ応えがありそう。

パサつく感じ

（ 冷凍ごはん ）

T：通常のごはんよりもほぐれにくい。卵が米にまとわりつかない印象。卵の存在感はある。

佐藤：通常の炊きたてごはんよりも水分が飛んでパサついている感じがあった。

油

シンプルチャーハンを油の種類を変えて作ってみました。油の違いで香りとコクに差が出て、別物のチャーハンになります。

パラパラ！お店の感じ！

まさにノーマル

（サラダ油）

M　誰の邪魔もしない。他の油のチャーハンを食べたあとだと、よりわかりやすい。

佐藤　オーソドックス。他の油に比べると、味がしないと感じちゃうけど、ふつうでよい。

香りが強い！

（ごま油）

T　ごま油の香りでまったく別物になった。相性のいい食材を入れたほうがよさそう。

佐藤　ごま油の主張が強すぎ。ねぎも卵も完全に飲まれて、ごま油の一人勝ちになってる。

さっぱりした印象

（オリーブオイル）

M　オリーブオイルのクセみたいなものが出るかと思いきや、全然そんなことはなかった。

W　上品なチャーハンになった。野菜が入っているかのようなさわやかな風味があった。

とにかくコクがすごい

（ラード）

W　動物性の脂の旨みを感じる。こってりしたイメージがあったけど、しつこくはない。

佐藤　コクがすごい。がっつり系食材と合わせたい。作っているときに焦げやすかった。

卵

溶いた卵を何より先にフライパンに入れるのが常套ですが、3つのパターンも試してみました。

パカ

フライパンに直接割る

W　水分が飛び切っていないみずみずしい感じ。卵の存在感がある。

佐藤　白身の味がしっかりしている。兆徳がこのやり方なので、印象は似てくる。

白身の味を楽しめる！

溶いて後入れ

M　ごはんとしっかり混ざってはいるが、卵の存在感が薄れてしまったかも。

T　先入れとあまり変わらないが、いつも自分が作っている味に近づいた気がする。

あまり差を感じない

TKG《卵かけごはん》方式

佐藤　パラパラになる気がしなかったけど、思ってたよりなった。卵感がなくなった。

W　味がまんべんない感じ。ごはんの粒感が失われているかも。ふんわりはしている。

卵感が減少!?

火力

強火で短時間で作るイメージのチャーハン。本書では中火を推奨していますが、強火や弱火でも検証してみました。

（強火）

佐藤　油が跳ねて危ない。焦げないかと思ってあせってしまう。米や卵は香ばしい。

M　香ばしい感じ。調理時間が短いから油が米に吸われていないけど、これもアリ。

（弱火）

T　全体的に味がなじんでいる感じ。強火と比べると油感が薄い気がする。

佐藤　卵がかたまる前に米粒全体に混ざるので、黄金チャーハンっぽくできる。

（IH）

佐藤　音がなくてテンションが上がらない。香ばしさもないかも。フライパンはより動かさないほうがいいかも。

W　味が薄く感じた。作り手の佐藤さんのテンションが低いのがわかりやすい（笑）。

炒め時間

1:00

2:00

1:30

具材の切り方

具材といってもねぎとチャーシューだけですが、切り方が変わるだけでずいぶんと印象が変わる重要なピースでした。

ねぎ

（みじん切り）

T

ねぎの味が全体に回っている感じ。シンプルなチャーハンではねぎ感が強すぎるか。粗みじん切りのほうが好み。

（粗みじん切り）

W

輪切りとみじんの中間くらいの印象。食感もねぎをしっかり感じ取れていいいが、他の食材があるとどうか。シンプルチャーハンだからちょうどいい気がする。

（輪切り）

佐藤

食べていると突然ねぎがやってくる。ねぎの主張が強い。チャーハンとしてなじんでいないのかも。“ねぎチャーハン”になっちゃっている。

番外編　（青ねぎ）

M

シャキシャキ感が大きい。白ねぎよりも甘味が少ないかも。どちらかというと青臭い。まったく別の食べ物ですね。ねぎがチャーハンと戦っちゃっている感じ。

チャーシュー

（大きめ強火１分）

M

強火のほうがパラッとしておいしい！　ゴロッと大きめに切るだけで、味も、食感も、全然印象が変わる。

（小さめ弱火１分）

T

チャーシューのタレがよくなじんでいる。水分が飛んでいなくてややべちゃっとしている。しっとりしていて炊き込みごはんみたいな印象がある。

調理器具

フライパン調理に中華お玉は大げさです。ここではどこの家庭にでもありそうな、４種の調理器具で違いを検証しました。

愛用品だから一日の長アリ

（ヘラ）

佐藤　ごはんと卵をうまく均一にしやすい。全体を切るように混ぜることができる。

M　全体的に混ざっていてバランスがいい。佐藤さんが使い慣れているというのもある？

フライパンとは相性悪い？

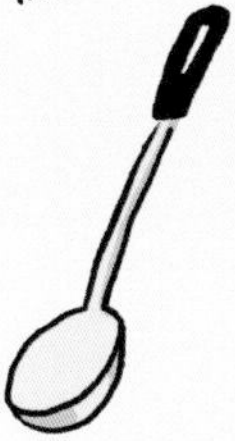

（お玉）

佐藤　お玉の裏面を使うと米粒を潰してしまう気がする。若干調理しにくいかも。

T　若干ごはんが潰れている印象。中華鍋との相性はきっといいのだと思う。

手軽にパラパラに！

（ホイッパー）

佐藤　卵とごはんを全体に混ぜて均等にしやすかった。ただ洗い物としては面倒。

W　米粒が一粒一粒パラパラしている。こどもでも扱いやすいかもしれない。

ぶっちゃけ混ぜにくい

（菜箸）

佐藤　米だまりになりやすい。全体に混ぜにくいし、卵もうまく細かくできなかった。

M　ほぐしにくいからか、具材がかたまりがち。味のムラも出てきているかも。

フライパンで作る

最強チャーハンの組み合わせはコレだ!

ごはんの種類	白米
ごはんのかたさ	かため（炊きたて）
油	ラード
ねぎ	白ねぎ（粗みじん切り）
卵	溶いてから先入れ
火力	中火で 1 分 30 秒
道具	ヘラ

[総評]

基本的には卵とねぎのシンプルチャーハン（P12）とほぼ同じ作り方になりましたが、決定的に違ったのは油で、ラードを使ったほうがよりコクが出て、町中華のチャーハンに近づくことがわかりました。

ごはんは品種による違いがあるかもしれませんが、今回の炊き加減の違いはすべてコシヒカリで試していて、通常より 80% ほど水が少ないかためが正解。88 品のチャーハンもほぼすべてかためで作っています。卵は、卵感強めが好きな方はフライパンに直接割り入れる方法が白身を感じやすくなるのでオススメです。他の具材とのバランスで変えてみましょう。味のバランスは、具材の切り方でも変化します。大きめか、小さめか、何を主張させるべきかで判断するとよいと思います。

火力は強火のほうが香ばしく、味が際立ちますが、慣れないとあせるので中火が無難。事前にフライパンをしっかり熱しておけば十分だと思います。調理器具は慣れたものがよいですが、本書ではヘラをオススメしたいと思います。

PART 3

SNS映えするチャーハン

チャーハンと聞いて、そんな代わり映えするの？
と思ったあなた。ぜひこの章をご覧あれ。
卵、チーズ、彩りのいい食材を使えばグッとくる姿に！
作ったらきっとSNSに投稿したくなるはず！？

［材料］

ごま油……大さじ1
卵……1個（卵黄と卵白に分け、卵白はあんかけの1個分とする）
ごはん……180g
ねぎ（みじん切り）……1/3本
ハム（みじん切り）……2枚
塩、こしょう……適量
飾り用卵黄……1個分

あんかけ

卵白……2個分
A｜鶏ガラ（顆粒）……小さじ1/3
｜しょうが（チューブ）……1cm
｜水……80mℓ
水溶き片栗粉……水と粉小さじ1ずつ

［作り方］

1、熱したフライパンにごま油をひき、中火で卵黄を入れて混ぜ、半熟程度になったらごはんを加えて炒める。
2、ねぎ、ハムを入れて炒め、塩、こしょうで味を調え、器に盛りつけておく。

あんかけ

1、卵白をハンドミキサーで角が立つまでよく混ぜる（ハンドミキサーがない場合は、卵白を冷凍庫に20分入れてから）。
2、フライパンにAを入れて中火で熱し、水溶き片栗粉を加えとろみがつくまで混ぜる。
3、火を弱め、卵白を少しずつ入れて混ぜ合わせる。器のチャーハンを覆うようあんを盛りつけ、仕上げに卵黄をのせる。

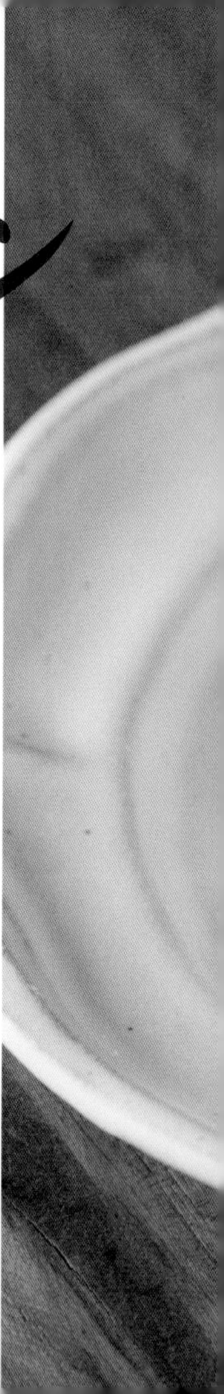

ふわふわ食感が最高！
卵白を泡立てやすくするコツは
冷凍庫に入れてから混ぜること

ふわふわ卵白あんかけチャーハン

#あんかけ　#卵　#編集部オススメ！

粉チーズと黒こしょうをたっぷりかけて！

カルボナーラチャーハン

#しっとり #洋風 #卵 #ベーコン #チーズ

[材料]

オリーブオイル …… 大さじ1
にんにく（チューブ）…… 3cm
玉ねぎ（みじん切り）…… 1/8 個
しめじ（ほぐしておく）…… 1/4 株
ベーコン（みじん切り）…… 50g
卵（卵黄と卵白に分けておく）…… 1個
ごはん …… 180g
A | コンソメ（顆粒）…… 小さじ1
　| バター …… 5g
塩、こしょう …… 適量
粉チーズ …… 適量

[作り方]

1、熱したフライパンにオリーブオイルをひき、中火でにんにく、玉ねぎ、しめじ、ベーコンを入れてよく炒め、端に寄せる。
2、溶いた卵白を入れて混ぜ、ごはんを加えて全体を炒め、Aを入れて全体に混ぜ、塩、こしょうで味をつける。
3、器に盛り、卵黄をのせ、粉チーズ、お好みで黒こしょうをふる。

ぷりぷり温玉のそぼろチャーハン

#和風　#鶏肉　#卵　#にんにく

温玉はコンビニやスーパーで買うと簡単。よく混ぜて召し上がれ！

[材料]

サラダ油…… 大さじ1
A｜しょうが（チューブ）…… 小さじ1
　｜にんにく（チューブ）…… 小さじ1
鶏ひき肉…… 80g
B｜酒…… 大さじ1
　｜みりん…… 大さじ1
　｜しょうゆ…… 大さじ1
　｜味噌…… 小さじ1
卵…… 1個
ごはん…… 180g
小ねぎ（小口切り）…… 2本
温泉卵…… 1個
刻みのり…… 適量

[作り方]

1、熱したフライパンにサラダ油をひいてAを入れる。中火でひき肉とBを入れて炒め、取り出す。
2、フライパンに中火で溶いた卵を入れて混ぜ、卵が半熟程度になったらごはんを加えて炒め、1のひき肉を戻し入れて混ぜ合わせ、塩、こしょう（分量外）で味つけする。
3、小ねぎを入れてさっと炒める。器に盛り、温泉卵と刻みのりをのせる。

とろ〜りチーズたっぷり キムチチャーハン

#しっとり　#ウインナー　#チーズ　#スパイシー　#編集部オススメ!

キムチーズは最強コンビ！
目一杯とろけさせて！

[材料]

ウインナー …… 3本
ごま油 …… 大さじ1
卵 …… 1個
ごはん …… 180g
キムチ（粗みじん切り）…… 50g
A ｜鶏ガラ（顆粒）…… 小さじ1
　｜塩、こしょう …… 適量
モッツァレラチーズ …… 100g
糸とうがらし …… 適量

[作り方]

1、ウインナーは2㎝幅に切り、熱したフライパンにごま油をひいてウインナーを中火で炒め、端に寄せておく。
2、溶いた卵を入れて混ぜ、卵が半熟程度になったら、ごはんを加えて炒め、キムチを加えてさらに炒め、Aで味つけする。
3、モッツァレラチーズをひと口大にちぎって入れ、全体を炒め合わせる。器に盛り、糸とうがらしを散らす。

たまりしょうゆ＆のり天の相性がバツグン！
のり天の代わりにいか天でも◎

柴漬けの汁も入れると鮮やかさアップ！
ベビーチーズのアクセントが絶妙！

たまりしょうゆの黒チャーハン

#パラパラ #和風
#アイデア

[材料]

サラダ油 …… 大さじ 1
玉ねぎ (みじん切り) …… 1/8 個
卵 …… 1 個
ごはん …… 180g
A | オイスターソース …… 大さじ1
　| たまりしょうゆ …… 大さじ1
B | 塩、こしょう …… 適量
のり天 …… 25g
小ねぎ (小口切り) …… 1/3 本

[作り方]

1、熱したフライパンにサラダ油をひいて中火で玉ねぎを炒め、取り出しておく。
2、フライパンに溶いた卵を入れ、卵が半熟程度になったらごはんを加えて炒め、玉ねぎを戻し入れて炒め合わせる。
3、A を加えてよく混ぜ、B で味をつけ、のり天、小ねぎを散らしてさっと炒める。

柴漬け赤チャーハン

#しっとり #和風 #漬物 #残りがち
#組み合わせ絶妙! #チーズ

[材料]

サラダ油 …… 大さじ 1
ごはん …… 180g
柴漬け (粗みじん切り) …… 40g
ベビーチーズ (粗みじん切り) …… 5個
白ごま …… 小さじ 1
A | 鶏ガラ (顆粒) …… 小さじ1
　| 塩、黒こしょう …… 適量
粉チーズ …… 適量
青しそ (千切り) …… 適量

[作り方]

1、熱したフライパンにサラダ油をひき、中火でごはんを入れてよく炒める。
2、柴漬けを入れて全体がピンク色になるまで炒める。
3、ベビーチーズと白ごまを入れ、A で味つけする。器に盛り、粉チーズ、青しそをのせる。

ミニトマトのイタリアンチャーハン

トマトは意外にチャーハンにも合う！にんにくを利かせるのがポイント

#しっとり　#洋風　#トマト　#チーズ　#魚介類　#にんにく　#ベーコン

[材料]

ミニトマト …… 5個
ベーコン …… 40g
オリーブオイル …… 大さじ1
にんにく（チューブ） …… 3cm
ミニえび …… 8～10尾
A｜塩・黒こしょう …… 適量
卵 …… 1個
ごはん …… 180g
粉チーズ …… 適量
ルッコラ …… 適量

[作り方]

1、ミニトマトは半分に、ベーコンは1cm幅に切る。
2、熱したフライパンにオリーブオイルを入れてにんにくを弱火で炒め、香りが出たら中火でベーコンを加えカリカリに炒め、えび、トマトを加えてさらに炒めてAで味つけする。
3、フライパンに中火で溶いた卵を入れて軽く混ぜ、半熟程度になったら、ごはんを加えて炒め合わせ、粉チーズを加え混ぜる。器に盛り、ルッコラをちぎって散らし、粉チーズをかける。

トマトとチーズのジェノベーゼチャーハン

パスタソースを使うことで手間なし！ワインと一緒に

#しっとり #洋風 #トマト #香り #チーズ

[材料]

オリーブオイル…… 大さじ１
卵…… 1個
ごはん…… 180g
ベビーチーズ…… 5 個
パスタジェノベーゼソース…… 1 人前
塩、こしょう…… 適量
トマト（みじん切り）…… 1/4 個
バジル…… 適量

[作り方]

1、熱したフライパンにオリーブオイルを入れ、中火で溶いた卵を入れて軽く混ぜ、半熟程度になったら、ごはんを加えて炒める。
2、ベビーチーズをひと口大に切ってから加え、ジェノベーゼソースをかけて塩、こしょうで味をつける。
3、器に盛り、トマトとバジルを飾る。

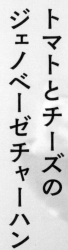

かに玉チャーハン

#あんかけ #中華風 #卵 #缶詰
#魚介類 #にんにく

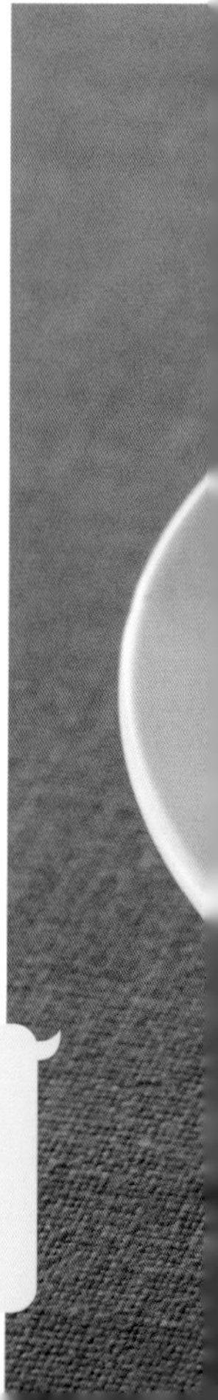

[材料]

サラダ油 …… 大さじ 1
卵 …… 1 個
ごはん …… 180g
かに缶 …… 1/2 缶
ねぎ（みじん切り）…… 1/4 本
A | 鶏ガラ（顆粒）…… 小さじ 1
  | 塩、こしょう …… 適量

かに玉

サラダ油 …… 大さじ 1
A | ねぎ（みじん切り）…… 1/4 本
  | しいたけ（みじん切り）…… 1 個
  | かに缶 …… 1/2 缶
卵 …… 2 個

あん

A | しょうが、にんにく（各チューブ）…… 各 1cm
  | お湯 …… 150mℓ
  | しょうゆ …… 大さじ 1
  | 酢 …… 大さじ 1/2
  | みりん …… 大さじ 1
  | 砂糖 …… 大さじ 1
  | 鶏ガラ（顆粒）…… 小さじ 1
水溶き片栗粉 …… 水と粉大さじ 1/2 ずつ
グリンピース …… 3 粒

[作り方]

1、熱したフライパンにサラダ油をひき、中火で溶いた卵を入れて軽く混ぜ、半熟程度になったらごはんを加えてよく炒める。
2、かに、ねぎを入れ、A で味をつけたら器に盛っておく。

かに玉

1、熱したフライパンに油をひき、中火で A を入れて炒め、溶いた卵を加えて全体的に混ぜ、卵がかたまったらチャーハンの上に盛る。

あん

1、フライパンに A を入れ、煮立ったところで水溶き片栗粉を入れてとろみをつけ、かに玉にかけてグリンピースをのせる。

point

卵は混ぜすぎるとふわトロにならないので、10 回ほど軽く混ぜる程度にしておきます。炒めるときは卵にはあまり触らず、形を整える程度にしましょう。

かに缶の代わりにかにカマでもOK。
かに玉の卵を焦がさないのがポイント

PART 4

栄養たっぷりチャーハン

チャーハンって油が多くて
太るイメージがあるのが正直なところ。
でも実は、おうちで作るチャーハンは
いろいろな食材と合わせることができて
かなり栄養バランスが整うのです！
管理栄養士の著者が考える栄養たっぷり
チャーハンを食べて健康ライフを！

夏に栄養満点！
ゴーヤと豚バラで夏の疲れを吹き飛ばす

ゴーヤと豚肉のチャーハン

#しっとり　#沖縄風　#豚肉　#組み合わせ絶妙！

［ 材料 ］

ゴーヤ …… 1/4 本
ごま油 …… 大さじ 1
しょうが（チューブ）…… 3cm
豚バラ肉（ひと口大に切る）…… 50g
卵 …… 1個
ごはん …… 180g
A ｜鶏ガラ（顆粒）…… 小さじ 1/2
　 ｜塩、こしょう …… 適量
けずりぶし …… 大さじ 1
しょうゆ …… 小さじ 1

［ 作り方 ］

1、ゴーヤは縦に半分に切り、スプーンで種とワタを取って1cm幅の半月切りにし、塩小さじ 1（分量外）をまぶして軽く揉み、10分間ほどおいてさっと水洗いして水気を絞る。
2、熱したフライパンにごま油を入れ、中火でしょうがを入れて豚肉を炒め、1のゴーヤを加えてさらに炒め別皿に取り出す。
3、サラダ油大さじ 1（分量外）を入れて熱し、中火で溶いた卵を入れて軽く混ぜ、半熟程度になったらごはんを加えて全体を炒める。2 を加えて A で味つけしてけずりぶしを半量入れ、鍋肌からしょうゆを回し入れて混ぜ合わせる。
4、器に盛り、残りのけずりぶしをかける。

ほうれん草とコーンの彩りチャーハン

#パラパラ #和風 #缶詰

見た目もおいしさもバッチリ！
ほうれん草は冷凍でも

[材料]

ほうれん草……3株
ねぎ……1/3本
サラダ油……大さじ1
卵……1個
ごはん……180g
コーン缶（粒）……大さじ3
A | 鶏ガラ（顆粒）……小さじ1
  | 塩、こしょう……適量
けずりぶし……1袋（小袋）
しょうゆ……小さじ1

[作り方]

1、ほうれん草はざく切り、ねぎはみじん切りにしておく。
2、熱したフライパンに油を入れて、中火で溶いた卵を入れ、半熟程度になったらごはんを加えて全体を炒める。
3、ほうれん草、コーン缶とねぎを加えてさらに炒め、Aで味つけしてけずりぶしを加え、しょうゆを鍋肌から入れてさっと炒める。

じゃことひじきのチャーハン 青じそかけ

栄養価バッチリなひじきをたっぷり
大葉がさっぱりとした後味に

#パラパラ #和風 #さっぱり #魚介類

［ 材料 ］

ごま油 …… 大さじ1
卵 …… 1個
ごはん …… 180g
ちりめんじゃこ …… 大さじ2
乾燥ひじき …… 大さじ2（水で戻しておく）
鶏ガラ（顆粒）…… 小さじ1
白ごま …… 適量
塩、こしょう …… 適量
大葉 …… 4〜5枚
しょうゆ …… 小さじ1

［ 作り方 ］

1、熱したフライパンにごま油を入れ、中火で溶いた卵を入れて半熟程度になったらごはんを加えて全体を炒める。
2、じゃこ、水で戻したひじき、鶏ガラを入れて混ぜ合わせ、白ごまを加え、塩、こしょうで味つけ、ひと口大にちぎった大葉を半量入れ、鍋肌からしょうゆを入れてさっと炒める。
3、器に盛りつけ、仕上げに残りの大葉をのせる。

しょうがぽかぽかチャーハン

#パラパラ　#和風　#豚肉　#さわやか

［ 材料 ］

しょうが …… 1/2 かけ
豚肩ロース肉 …… 2 枚
A | しょうゆ …… 大さじ 1
　| しょうが（チューブ）…… 大さじ 1
サラダ油 …… 大さじ 1
卵 …… 1個
ごはん …… 180g
鶏ガラ（顆粒）…… 小さじ 1
ねぎ（みじん切り）…… 1/3 本
塩、こしょう …… 適量
けずりぶし …… 1 袋（小袋）
しょうゆ …… 小さじ 1

［ 作り方 ］

1、しょうがは半分を千切りに、残りをみじん切りにする。豚肉は A で下味をつけ、ひと口大に切る。
2、熱したフライパンにサラダ油大さじ 1/2 を入れ、中火で豚肉に火を通し取り出す。
3、フライパンにサラダ油大さじ 1/2 を入れしょうがのみじん切りを炒め、溶いた卵を入れ半熟程度でごはんを加えて全体を炒め、豚肉、鶏ガラを入れて炒め合わせる。
4、ねぎを入れ、塩、こしょうで味をつけ、けずりぶしと、しょうゆを入れてさっと炒めたら器に盛り、仕上げにしょうがの千切りを飾る。

温活にオススメ
夏でも冬でも！

あおさ香るチャーハン

#しっとり #和風 #磯の香り

ミネラルたっぷり！
海風を感じる味

[材料]

ねぎ …… 1/3 本
ごま油 …… 大さじ 1
卵 …… 1個
ごはん …… 180g
あおさのり（乾燥）…… 大さじ 3
A | 鶏ガラ（顆粒）…… 小さじ 1
  | 塩、こしょう …… 適量

[作り方]

1、ねぎはみじん切りにする。
2、熱したフライパンにごま油を入れて、中火で溶いた卵を入れて軽く混ぜ、半熟程度になったらごはんを加えて全体を炒める。
3、1 のねぎ、あおさと A を入れて味つけし、よく炒め合わせる。

パリパリ油あげと水菜のチャーハン

#パラパラ　#和風　#食感　#水菜　#さっぱり　#魚介類

［ 材料 ］

油あげ（1cm幅に切る）…… 1枚
サラダ油 …… 大さじ1
卵 …… 1個
ごはん …… 180g
しらす …… 大さじ2
塩、こしょう …… 適量
しょうゆ …… 小さじ2
水菜 …… 1/2 株（3cm長さに切る）

［ 作り方 ］

1、油ぬきをした油あげは、熱したフライパンでカリカリになるまでから炒りし、いったん取り出す。
2、フライパンに油を入れ、中火で溶いた卵を入れて混ぜ、半熟程度になったらごはんを入れて炒め、1の油あげ、しらすを加え、塩、こしょうで味を調える。
3、しょうゆを鍋肌から入れてさっと混ぜ合わせる。器に盛り、水菜をのせて完成。

水菜をたっぷり使うことで
ビタミンCアップ！
和風ドレッシングをかけても◎

鶏のマーマレード黒酢照り焼きチャーハン

鶏を使用することで
たんぱく質たっぷり！
ほのかな甘酸っぱさがよい感じ

#しっとり　#鶏肉　#漬け込み肉
#残りがち　#がっつり
#酸味　#組み合わせ絶妙！

［材料］

鶏もも肉……100g
A　マーマレード……大さじ1
　　しょうゆ……大さじ1
　　黒酢……大さじ1/2
　　にんにく（チューブ）……小さじ1
サラダ油……大さじ1
卵……1個
ごはん……180g
玉ねぎ（みじん切り）……1/8個
塩、こしょう……適量
黒酢……大さじ1
しょうゆ……大さじ1/2
パクチー……適量

［作り方］

1、鶏肉は3cm角に切り、ポリ袋に入れてAに30分ほど漬け込む。
2、フライパンで油大さじ1/2を熱し、1を入れて表面を焼き、酒（分量外）をふり蓋をして弱火で中まで火を通し、別皿に取り出す。
3、熱したフライパンに残りの油をひき、溶いた卵を入れて中火で軽く混ぜ、半熟程度になったらごはんを加えて全体を炒め、2の鶏肉を煮汁ごと入れて混ぜ合わせる。
4、玉ねぎを入れ、塩、こしょうで味を調え、黒酢、しょうゆを鍋肌から入れてよく混ぜ合わせる。皿に盛り、パクチーを飾る。

低糖質でヘルシー！ 米なしチャーハン

管理栄養士の私が考える、ごはんを使わない
ヘルシーなチャーハンレシピを紹介します！

ヒント おでんの具にもなる食材をごはんに見立てています。

ヒント ごはんの代わりに白い野菜を使っています。

米なしチャーハン

答えは「しらたき」！
ヘルシーなのに
食べ応え十分です

［材料］

小松菜…… 15g
にんじん…… 15g
しいたけ…… 1個
ねぎ…… 1/3本
しらたき…… 100g
カリフラワーライス※…… 100g
サラダ油…… 小さじ1
卵…… 1個
鶏ガラ（顆粒）…… 小さじ1
塩、こしょう…… 少々
しょうゆ…… 小さじ1

［作り方］

1、野菜類はすべてみじん切りにする。
2、食べやすく切ったしらたきとカリフラワーライスは、それぞれフライパンで水分がなくなるまで炒め、別皿に取り出す。
3、熱したフライパンにサラダ油をひき、溶いた卵を入れ、中火で菜箸で混ぜながら卵が細かくなるまで炒め、炒り卵を作る。
4、2を入れて全体を混ぜ合わせ、1の野菜類も加えよく炒める。
5、鶏ガラを入れ塩、こしょうで味をつけ、仕上げにしょうゆを回し入れて炒め合わせる。

マッスルチャーハン

［材料］

ねぎ…… 1/3本
カリフラワーライス※…… 100g
サラダ油…… 小さじ1
鶏むねひき肉…… 100g
チャーハンの素…… 1袋

鶏むねのひき肉は
たんぱく質が豊富です

［作り方］

1、ねぎはみじん切りにする。
2、カリフラワーライスをフライパンに入れ、水分がなくなるまでよく炒め、別皿に取り出す。
3、熱したフライパンにサラダ油を入れ、中火でひき肉を加えて火が通るまで炒め、2とねぎを加え、チャーハンの素で味つけし、全体をよく炒め合わせる。

※カリフラワーライスは冷凍食品で市販されているものを使用。
カリフラワーをゆでてみじん切りにしても OK。

PART 5　にんにく、歯応え、スパイシー

ガツンとチャーハン

ガーリックなどのスパイシー食材でスタミナをつけるにもおすすめ！シャキシャキ、コリコリとした食感、スパイシーな刺激など、食べ応えのあるチャーハンを紹介します。

サイコロステーキガーリックチャーハン

#しっとり　#洋風　#牛肉　#にんにく　#がっつり　#こってり

［ 材料 ］

にんにく（スライス）……2かけ
サラダ油……大さじ1
にんにく（チューブ）……3cm
牛サイコロステーキ肉……100g
（サイコロ状に切った牛ステーキ肉でも）
卵……1個
ごはん……180g
ねぎ（みじん切り）……1/3本
A｜鶏ガラ（顆粒）……小さじ1
　｜塩、こしょう……適量
ルッコラ……20g
しょうゆ……小さじ1
黒こしょう……適量

［ 作り方 ］

1、フライパンにサラダ油（分量外）を入れ、にんにくを弱火で熱して色がつくまでカリカリに揚げ焼きし、別皿に取り出す。
2、フライパンにサラダ油をひき、中火でにんにく（チューブ）とサイコロステーキを入れて炒め、端に寄せておく。
3、中火で溶いた卵を加えて軽く混ぜ、半熟程度になったらごはんも加えて全体を炒める。ねぎを入れ、Aで味つけする。
4、ざっくり切ったルッコラを入れ、鍋肌からしょうゆを入れてさっと炒めて盛りつける。1のにんにくスライスを飾り、黒こしょうをふる。

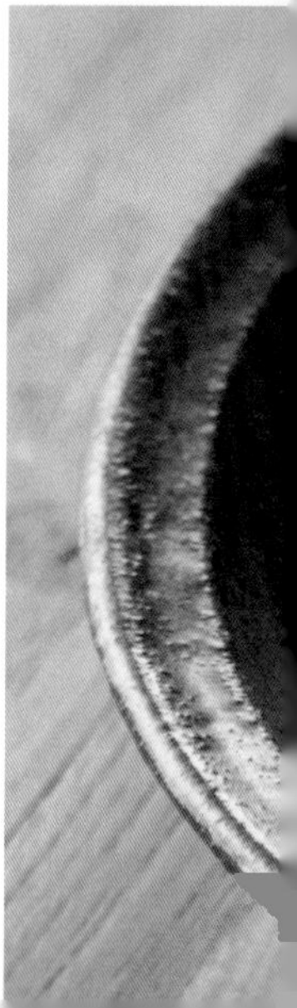

ステーキ×にんにくでガツンと！
食べ応えは言うまでもなし

アスパラベーコンのガリバタチャーハン

#しっとり #洋風 #ベーコン
#にんにく #バター #がっつり

[材料]

アスパラガス …… 3本
ベーコン …… 50g
オリーブオイル …… 大さじ1と1/2
にんにく（チューブ） …… 3cm
卵 …… 1個
ごはん …… 180g
A | バター …… 10g
　| コンソメ（顆粒） …… 小さじ1
塩、こしょう …… 適量

[作り方]

1、アスパラガスは1/3くらいの長さの斜め切り、ベーコンは2cm幅に切っておく。
2、熱したフライパンにオリーブオイル大さじ1/2をひき、中火でにんにく、ベーコン、アスパラガスを入れ、ベーコンがカリカリになるまで炒め、取り出しておく。
3、オリーブオイル大さじ1を入れて、中火で溶いた卵を入れて軽く混ぜる。卵が半熟程度になったらごはんを加えて全体を炒め、2とAを入れて全体を炒め合わせ、塩、こしょうで味をつける。

スモークタンのねぎ塩チャーハン

#しっとり #さっぱり #酸味 #食感◎

[材料]

スモークタン …… 1/2 パック (35g)
ねぎ …… 1/2 本
A | ごま油 …… 小さじ2
| 塩 …… 小さじ 1/2
| 鶏ガラ (顆粒) …… 小さじ 1
| 白ごま …… 大さじ 1/2
ごま油 …… 大さじ 1
卵 …… 1個
ごはん …… 180g
鶏ガラ (顆粒) …… 小さじ 1
塩、こしょう …… 適量
レモン …… 適量

[作り方]

1、タンを大きめに切り、ねぎはみじん切りにして A と合わせる。
2、フライパンにごま油 (分量外) を適量入れてタンを炒め、取り出しておく。
3、フライパンに油大さじ 1 を熱し、中火で溶いた卵を入れて軽く混ぜる。卵が半熟程度になったらごはんを加えて全体を炒め、タン、鶏ガラを入れて炒める。
4、1のねぎダレ 2/3 を入れて塩、こしょうで味つけし、レモン汁を全体に絞りさっと炒める。器に盛ってレモンを添え、残りのねぎダレをのせる。

スモークタンはコンビニで入手できる！
レモンをかければさっぱりと

砂肝チャーハン

コンビニの砂肝で
簡単お手軽コリコリ食感

#パラパラ #和風 #食感◎

[材料]

コンビニの砂肝……1パック
ねぎ……1/3本
ごま油……大さじ1
卵……1個
ごはん……180g
A | 鶏ガラ（顆粒）……小さじ1
　| 塩……適量
黒こしょう……適量

[作り方]

1、砂肝は電子レンジで温めてから1/2に切る。ねぎはみじん切りにする。
2、熱したフライパンにごま油を入れ、中火で溶いた卵を入れて軽く混ぜる。卵が半熟程度になったらごはんを加えて全体を炒め、砂肝、ねぎ、Aを入れて炒め合わせる。
3、器に盛り、仕上げに黒こしょうをかける。

え!?驚くほど食感が楽しい!
大盛で見た目も楽しんで!

ぷちぷちはじける!とびっこチャーハン

#パラパラ #魚介類 #食感◎ #組み合わせ絶妙!

[材料]

サラダ油 …… 大さじ1
卵 …… 1個
ごはん …… 180g
長いも(粗みじん切り) …… 6㎝
ねぎ(粗みじん切り) …… 1/3本
鶏ガラ(顆粒) …… 小さじ1
塩、こしょう …… 適量
しょうゆ …… 小さじ1
とびっこ …… 適量

[作り方]

1、熱したフライパンに油を入れ、中火で溶いた卵を入れて軽く混ぜる。卵が半熟程度になったらごはんを加えて全体に混ぜ合わせる。
2、長いも、ねぎ、鶏ガラを加えてよく混ぜ合わせる。塩、こしょうで味つけし、しょうゆを鍋肌から入れてさっと炒める。
3、器に盛り、お好みで刻みのりを散らし、好みの量のとびっこを盛って完成。

＼もっと知りたい！／

シャキシャキ歯応えチャーハンレシピ

ここでは歯応え重視のあっさりチャーハンを紹介します！

切り干し大根チャーハン

#パラパラ　#和風　#食感◎

[材料]

切り干し大根煮（パック）…… 80g
ハム …… 2枚
ごま油 …… 大さじ1
卵 …… 1個
ごはん …… 180g
塩、こしょう …… 適量
しょうゆ …… 小さじ1
刻みのり …… 適量

[作り方]

1、切り干し大根はざく切りにし、ハムは5mm角に切る。
2、熱したフライパンにごま油を入れ中火で溶いた卵を入れ、半熟程度になったらごはんを加えて全体を炒め、1の切り干し大根とハムを入れてよく混ぜる。
3、塩、こしょうで味つけし、鍋肌からしょうゆを入れてさっと炒める。器に盛り、刻みのりをのせる。

シャキシャキ白菜チャーハン

[材料]

白菜 …… 1枚
ごま油 …… 大さじ1
卵 …… 1個
ごはん …… 180g
A｜塩こんぶ …… 大さじ2
　｜鶏ガラ（顆粒）…… 小さじ1
白ごま …… 適量
塩、こしょう …… 適量

[作り方]

1、白菜はざく切りにし、塩もみしておく。
2、白菜の水気をきり、フライパンにごま油大さじ1/2を入れて炒め、取り出す。
3、熱したフライパンにごま油大さじ1/2を入れ、中火で溶いた卵を混ぜ、卵が半熟程度になったらごはんを加えて全体を炒め、2の白菜とAを入れてよく混ぜる。
4、白ごまをふり入れ、塩、こしょうで味つけし、さっと炒めて完成。

#パラパラ　#中華風　#食感◎

桜えびのカルシウムたっぷりチャーハン

[材料]

大根の葉……40g
ごま油……大さじ1
卵……1個
ごはん……180g
鶏ガラ（顆粒）……小さじ1
桜えび……大さじ2
白ごま……適量
けずりぶし……1袋（小袋）
塩、こしょう……適量
しょうゆ……小さじ1

[作り方]

1、大根の葉はみじん切りにし、塩を加えて漬け込んでおく。
2、大根の葉の水気をきり、フライパンでごま油大さじ1/2を入れて炒め、取り出しておく。
3、熱したフライパンに油大さじ1/2を入れ、中火で溶いた卵を入れて混ぜる。卵が半熟程度でごはんを加えて全体を炒め、2の大根の葉と鶏ガラを入れてよく混ぜる。
4、桜えび、白ごま、けずりぶしを入れ、塩、こしょうで味つけし、鍋肌からしょうゆを入れてさっと炒める。

#パラパラ #和風 #魚介類

もやしとニラとひき肉のチャーハン

[材料]

もやし……1/2袋
にら……10g
ごま油……大さじ1
豚ひき肉……60g
A｜味噌……大さじ1/2
　｜酒……大さじ1
　｜豆板醤……小さじ1/2
卵……1個
ごはん……180g
B｜鶏ガラ（顆粒）……小さじ1
　｜塩、こしょう……適量

[作り方]

1、もやし、にらは2cm長さに切る。
2、熱したフライパンにごま油を入れ、中火でひき肉と合わせたAを入れて火が通るまで炒め、端に寄せておく。
3、フライパンに溶いた卵を入れ、半熟程度になったらごはんを加えて全体を炒め、にらともやしを加えて炒める。
4、Bで味つけし、お好みでラー油適量を入れてさっと炒める。

#パラパラ #中華風 #豚肉 #食感◎

スパイシーカレーチャーハン

#パラパラ #豚肉 #カレー #アイデア #にんにく

余ったカレールーをすりおろし器で活用！

[材料]

サラダ油…… 大さじ 1 と 1/2
にんにく（チューブ）…… 3cm
豚ひき肉…… 30g
A | 玉ねぎ（みじん切り）…… 1/8 個
  | にんじん（みじん切り）…… 20g
  | ピーマン（みじん切り）…… 1 個
塩、こしょう …… 適量
卵…… 1個
ごはん…… 180g
カレールー（すりおろし）…… 1 個
ケチャップ…… 小さじ 1

[作り方]

1、熱したフライパンに油大さじ 1/2 をひき、中火でにんにくを入れてひき肉を炒め、火が通ったら A を加えて塩、こしょうをふって炒め、別皿に取り出す。
2、フライパンに油大さじ 1 を入れて、中火で溶いた卵を入れて軽く混ぜ、卵が半熟程度になったらごはんを加えて全体を炒める。
3、1を戻し入れて炒め合わせ、カレールー、ケチャップを入れ、塩、こしょうで味をつけ全体を炒めて完成。お好みでらっきょうを添える。

point

カレールーは包丁でもみじん切りにできますが、おろし器を使うと簡単です。細かく削ることで味がなじみやすくなります。

バンバンジーチャーハン

#しっとり　#中華風　#鶏肉　#にんにく　#スパイシー

［材料］

鶏むね肉……60g
ねぎ……1/2本
ごま油……大さじ1
にんにく（チューブ）……3cm
卵……1個
ごはん……180g
きゅうり（粗みじん切り）……1/2本
A｜鶏ガラ（顆粒）……小さじ1/2
　｜塩、こしょう……適量

ソース

B｜味噌……大さじ1/2
　｜しょうゆ……小さじ1
　｜はちみつ……小さじ1
　｜酒……大さじ1
　｜すりごま……大さじ1
　｜ごま油……小さじ1/2

［作り方］

バンバンジー

1、鶏肉はフォークで数か所に穴をあけ、塩と酒大さじ1（分量外）をふり、耐熱皿に入れラップをしてレンジで1分加熱、1分蒸らす。
2、鶏肉を裏返し再度ラップをして1分加熱し、粗熱を取って手でさいてほぐす。

チャーハン

1、ねぎは半分を粗みじん切り、残りを白髪ねぎにする。
2、熱したフライパンにごま油、にんにくを入れ、中火で溶いた卵を軽く混ぜ、卵が半熟程度になったらごはんを加えて炒め、みじん切りしたねぎときゅうりを加えて炒め、Aで味つけし器に盛る。
3、チャーハンの上にバンバンジーと混ぜ合わせたBのソースをのせ、白髪ねぎを飾る。

きゅうりのさっぱり感と
ごまソースのコクが合う！夏にぜひ！

旨辛！麻婆チャーハン

マーボー豆腐の素を入れるだけ！
手軽な本格中華！

#しっとり #中華風 #豚肉 #スパイシー #アイデア

[材料]

サラダ油 …… 大さじ 1
にんにく（チューブ）…… 3cm
豚ひき肉 …… 30g
卵 …… 1個
ごはん …… 180g
ねぎ（みじん切り）…… 1/3 本
マーボー豆腐の素 …… 1 袋
塩、こしょう …… 適量
小ねぎ（小口切り）…… 1/2 本

[作り方]

1、熱したフライパンに油大さじ 1/2 をひき、中火でにんにく、ひき肉を入れて炒め、端に寄せておく。
2、フライパンに油大さじ 1/2 を加えて熱し、中火で溶いた卵を入れ、半熟程度になったらごはんを加えて全体を炒める。
3、ねぎとマーボー豆腐の素を加えてさらに炒め、塩、こしょうで味をつける。器に盛り、仕上げに小ねぎを散らす。

やみつき！食べるラー油チャーハン

#しっとり　#中華風　#スパイシー　#残りがち

小袋の柿の種を活用。
辛さと食感がクセになる！

[材料]

サラダ油 …… 大さじ 1/2
卵 …… 1個
ごはん …… 180g
ねぎ（みじん切り）…… 1/3 本
A | 食べるラー油 …… 大さじ 1
　| 鶏ガラ（顆粒）…… 小さじ 1
塩、こしょう …… 適量
柿の種 …… 1/2 袋（粗く砕いておく）
小ねぎ（小口切り）…… 1/2 本

[作り方]

1、熱したフライパンに油大さじ 1/2 をひき、中火で溶いた卵を入れ、軽く混ぜ、卵が半熟程度になったらごはんを加えて全体を炒める。
2、ねぎと A を加えてさらに炒め、塩、こしょうで味をつける。
3、火を止め、柿の種を混ぜ合わせて器に盛り、上に食べるラー油小さじ 1（分量外）と小ねぎを散らす。

しびれる山椒チャーハン

#しっとり #和風 #鶏肉 #スパイシー #組み合わせ絶妙！

山椒はお好みで増やしてOK。
あと引く旨さ！

[材料]

鶏もも肉（皮付き）…… 50g
塩、こしょう …… 適量
サラダ油 …… 大さじ1
しょうが（チューブ）…… 3cm
A | ごぼう（みじん切り）…… 20g
　| にんじん（みじん切り）…… 20g
B | みりん …… 大さじ 1/2
　| 酒 …… 大さじ 1/2
　| しょうゆ …… 大さじ 1/2
粉山椒 …… 小さじ 1
卵 …… 1個
ごはん …… 180g
ねぎ（輪切り）…… 1/3 本
小ねぎ（小口切り）…… 1/2 本

[作り方]

1、鶏肉を小さめのひと口大に切り、塩、こしょうをまぶす。
2、熱したフライパンにサラダ油大さじ 1/2 をひき、しょうがを入れて鶏肉を焼き、火が通ったら A を加えて炒め、B と山椒小さじ 1/2 で味つけし、別皿に取り出す。
3、熱したフライパンに残りの油をひき、中火で溶いた卵を入れて半熟程度になったらごはんを加えて炒め、2とねぎを入れて炒め合わせ、山椒小さじ1/2をふり入れる。
4、塩、こしょうで味をつけて器に盛り、仕上げに小ねぎを散らす。

ガパオ風
パプリカチャーハン

#しっとり　#エスニック　#豚肉　#にんにく
#みじん切りがうまい！　#香り

赤緑黄色のピーマンと
パプリカをどっさりと！
カラフルな見た目が楽しい

［ 材料 ］

サラダ油……大さじ1
にんにく（チューブ）……3cm
とうがらし（輪切り）……1本
豚ひき肉……50g
ピーマン（みじん切り）……1/2個
赤、黄パプリカ（みじん切り）……各1/4個
A｜オイスターソース……小さじ1
　｜ナンプラー……小さじ1
卵……1個
ごはん……180g
ねぎ（みじん切り）……1/3本
B｜鶏ガラ（顆粒）……小さじ1
　｜塩、こしょう……適量

［ 作り方 ］

1、フライパンにサラダ油大さじ1/2をひき、にんにくととうがらしを入れてひき肉を炒め、しっかり火を通す。
2、ピーマン、パプリカを入れAを加えてさらに炒め、別皿に取り出す。
3、サラダ油大さじ1/2を熱し、中火で溶いた卵を入れ、半熟程度になったらごはんを加えて全体を炒め、ねぎと2を入れてさらに炒め、Bで味をつける。器に盛り、お好みでバジルを飾る。

にんにくしょうがナンプラーチャーハン

#しっとり #エスニック #にんにく #豚肉 #残りがち

[材料]

豚バラ肉…… 30g
チンゲン菜…… 1/2 株
サラダ油…… 大さじ 1
にんにく（チューブ）…… 3cm
しょうが（チューブ）…… 3cm
卵…… 1個
ごはん…… 180g
ねぎ（みじん切り）…… 1/3 本
A | ナンプラー…… 小さじ 2
 | 塩、こしょう…… 適量
糸とうがらし…… 適量

[作り方]

1、豚バラ肉は 2cm幅、チンゲン菜は 2cm長さに切る。
2、熱したフライパンにサラダ油大さじ 1/2 をひき、にんにく、しょうがを入れて豚肉を炒め、火が通ったらチンゲン菜を加えて炒め、別皿に取り出す。
3、サラダ油大さじ 1/2 を熱し、中火で溶いた卵を入れ、半熟程度になったらごはんを加えて全体を炒める。2とねぎを入れてさらに炒めAで味をつける。器に盛り、糸とうがらしを散らす。

クセのあるナンプラーは
パンチのある味つけが最高に合う！

町中華の
チャーハンを再現!

『一寸亭《ちょっと》』のチャーハン

[材料]

チャーシュー …… 30g
なると …… 90g
ラード …… 大さじ1と1/2
卵 …… 1個
ごはん …… 250g
A 塩 …… 小さじ1/2
　うまみ調味料 …… 小さじ1/4
　しょうゆ …… 小さじ1/2
　こしょう …… 3ふり

[作り方]

1、チャーシュー、なるとはみじん切りにする。
2、鍋にラードを入れて油をなじませ、強火にかけて溶いた卵を入れ軽く混ぜる。卵が焦げないように注意し、ここで火を止めても OK。
3、卵が半熟程度になったら、なると、チャーシュー、ごはんを入れ、Aで味つけして全体を炒め合わせる。

最初にごはんのダマを
なくすことと、卵を
焦がさないことがポイント

1

2

3

なるとがかわいい！

『一寸亭』のチャーハン

完成！

佐藤 memo

なるとの色味は
まるでチャーハンの
ダイヤモンド！

一寸亭（ちょっとてい）
東京都台東区
谷中 3-11-7
TEL：03-3823-7990

PART 6

結局これになっちゃうチャーハン

ここでは、私がついつい
何度も作ってしまうチャーハンを
紹介します。
忙しいときでも簡単で手軽に作れるし、
身近な材料でできちゃいますよ。

母のチャーハン

#しっとり　#ウインナー　#レトロ　#みじん切りがうまい！

ひと口食べた瞬間にこどもの頃を想い出す、
懐かしい味に浸る

［ 材料 ］

ウインナー …… 2 本
サラダ油 …… 大さじ1
卵 …… 1個
ごはん …… 180g
ピーマン（みじん切り）…… 1 個
ねぎ（みじん切り）…… 1/3 本
塩、こしょう …… 適量
けずりぶし …… 1 袋（小袋）
しょうゆ …… 小さじ 2

［ 作り方 ］

1、ウインナーは 5㎜厚さの輪切りにする。
2、熱したフライパンにサラダ油をひき、中火で溶いた卵を入れて軽く混ぜ、卵が半熟程度になったらごはんを加えて全体を炒める。
3、ウインナーとピーマン、ねぎを加えてさらに炒め、塩、こしょうで味つけし、けずりぶしを入れてしょうゆを回し入れ、さっと炒め合わせたら完成。

昆布の佃煮が残ったら
フレッシュレタスでサッと一品

ごま昆布とレタスのチャーハン

#しっとり #和風 #レタス #残りがち #究極のシンプル!

[材料]

レタス …… 2枚
サラダ油 …… 大さじ1
卵 …… 1個
ごはん …… 180g
ごま昆布の佃煮 …… 大さじ2
鶏ガラ(顆粒) …… 小さじ1
塩、こしょう …… 適量

[作り方]

1、レタスは洗って適当な大きさにちぎる。
2、熱したフライパンにサラダ油をひき、中火で溶いた卵を入れ軽く混ぜ、卵が半熟程度になったらごはんを加えて全体を炒める。
3、ごま昆布、鶏ガラを入れて塩、こしょうで味つけし、最後にレタスを加えて軽く混ぜ合わせる。

紅しょうがとウインナーのチャーハン

#しっとり　#ウインナー　#残りがち　#レトロ

［ 材料 ］

ウインナー …… 1本
サラダ油 …… 大さじ1
卵 …… 1個
ごはん …… 180g
A｜紅しょうが（みじん切り）…… 大さじ1
　｜ねぎ（みじん切り）…… 1/3本
B｜鶏ガラ（顆粒）…… 小さじ1
　｜塩、こしょう …… 適量
紅しょうが（飾り用）…… 大さじ1

［ 作り方 ］

1、ウインナーは5mm厚さの輪切りにする。
2、熱したフライパンにサラダ油をひき、中火で溶いた卵を入れて軽く混ぜ、卵が半熟程度になったらごはんを加えて全体を炒める。
3、Aとウインナーを加えてさらに炒め、Bで味つけして器に盛る。仕上げに紅しょうがを飾る。

紅しょうがを刻んで炒めれば個性が出る。
仕上げにもドサッとのせて！

鮭フレークとブロッコリーのチャーハン

#しっとり　#残りがち　#魚介類　#みじん切りがうまい！

[材料]

サラダ油……大さじ1
卵……1個
ごはん……180g
冷凍ブロッコリー
（解凍してみじん切り）……3房
鮭フレーク……大さじ2
A｜鶏ガラ（顆粒）……小さじ1
　｜塩、こしょう……適量
ねぎ（みじん切り）……1/3本
しょうゆ……小さじ1

[作り方]

1、熱したフライパンにサラダ油をひき、中火で溶いた卵を入れて軽く混ぜる。
2、卵が半熟程度になったらごはんを加えて全体を炒め、ブロッコリー、鮭フレークを入れてよく炒め、Aを全体に入れて炒め合わせる。
3、ねぎを入れ、しょうゆを上から全体に回し入れて炒め合わせる。

鮭フレークはブロッコリーのみじん切りとあわせるのがポイント

簡単オイマヨ豚バラチャーハン

#しっとり　#豚肉　#マヨネーズ　#がっつり　#こってり

[材料]

サラダ油 …… 大さじ1
豚バラ肉（ざく切り）…… 60g
卵 …… 1個
ごはん …… 180g
A｜オイスターソース …… 大さじ1
　｜マヨネーズ …… 大さじ1
ねぎ（みじん切り）…… 1/3本
こしょう …… 適量
小ねぎ（小口切り）…… 適量

[作り方]

1、熱したフライパンにサラダ油をひき、中火で豚バラ肉を炒め、火が通ったら端に寄せておく。
2、溶いた卵を入れて軽く混ぜ、半熟程度になったらごはんを加えて炒める。
3、Aを全体に入れて炒め、ねぎを入れ、こしょうをふってよく炒め合わせる。器に盛り、小ねぎを散らす。

オイ&マヨは最強コンビ！
これだけで味が決まる

PART 7

アドリブチャーハン

ここでは残りがちな食材から
オリジナルチャーハンを考えてみました。
これぞ本来のチャーハンの楽しみ方。
皆さんもレシピを参考に、冷蔵庫を見て
アドリブで新しいチャーハンを
作ってみてください。

禁断のもちチャーハン

#しっとり #和風 #W炭水化物 #食感◎ #残りがち

［材料］
切りもち…… 1個
ごま油…… 大さじ1
ごぼう（みじん切り）…… 20g
にんじん（みじん切り）…… 20g
A｜みりん…… 大さじ1
｜しょうゆ…… 大さじ1/2
｜酒…… 大さじ1
卵…… 1個
ごはん…… 180g
塩…… 少々
三つ葉…… 適量

［作り方］
1、切りもちは1cmほどの角切りにし、160℃の油（分量外）で揚げもちにする（またはトースターで焼く）。
2、熱したフライパンにごま油をひき、ごぼうとにんじんを中火で炒め、Aを入れてさらに炒め、端に寄せておく。
3、溶いた卵を入れ、半熟程度になったらごはんを加えて炒める。1の揚げもちを入れて混ぜ、塩で味つけし、しょうゆ（分量外）を鍋肌から回し入れ混ぜる。器に盛り、三つ葉を飾る。

米はふっくら！もちはカリッと！
炭水化物×炭水化物なのに
ガツガツいけちゃう禁断の一皿が爆誕！

ちくわの磯辺チャーハン

残り物のちくわを、青のりで主役に！

#しっとり　#和風　#残りがち
#ちくわ　#チーズ
#組み合わせ絶妙！

[材料]

ちくわ …… 1本
ねぎ …… 5㎝
プロセスチーズ（6P チーズ）…… 1個
サラダ油 …… 大さじ1
卵 …… 1個
ごはん …… 180g
めんつゆ（2倍濃縮）…… 大さじ1
青のり …… 小さじ2
A ｜しょうゆ …… 小さじ1
　｜塩、こしょう …… 適量

[作り方]

1、ちくわとねぎは5㎜厚さの輪切り、プロセスチーズは小さな角切りにする。
2、熱したフライパンにサラダ油をひき、中火でねぎとちくわを炒め、端に寄せておく。溶いた卵を入れ、半熟程度になったらごはんを加えて全体を炒める。
3、めんつゆを回し入れて炒め、青のりとプロセスチーズを加え、Aで味をつける。

“ツナポテ”カレーチャーハン

#しっとり #洋風 #缶詰 #カレー

ツナとポテトが絶妙！
カレーチャーハンに新星現る！

[材料]

ツナ缶（オイル漬け）…… 1個
じゃがいも …… 1/2 個
マヨネーズ …… 大さじ 1 と 1/2
コーン缶（粒）…… 大さじ 2
卵 …… 1個
ごはん …… 180g
カレー粉 …… 大さじ 1
しょうゆ …… 小さじ 1

[作り方]

1、ツナ缶は油をきっておく。じゃがいもは 1cmの角切りにし、耐熱容器に入れてラップをかけ、レンジで1分加熱する。
2、熱したフライパンにマヨネーズを入れ、じゃがいもを中火で炒め、焼き目がついたらツナとコーンを加えてさらに炒め、端に寄せておく。
3、溶いた卵を入れ、半熟程度になったらごはんを加えて炒め、カレー粉としょうゆを入れて全体を炒め合わせたら完成。

しらすとカリカリ梅のチャーハン

#パラパラ　#和風　#魚介類　#水菜　#食感◎

[材料]

水菜 …… 1/2 株
ごま油 …… 大さじ 1
卵 …… 1個
ごはん …… 180g
ねぎ（粗みじん切り）…… 1/3 本
しらす …… 大さじ 2
カリカリ梅（粗みじん切り）…… 4～5個
煎りごま …… 大さじ1
塩、こしょう …… 適量
しょうゆ …… 小さじ1
刻みのり …… 適量

しらすと梅の組み合わせがさっぱり！食感も◎

[作り方]

1、水菜は 4㎝長さに切る。
2、熱したフライパンにごま油をひき、中火で溶いた卵を入れて混ぜ、卵が半熟程度になったらごはんを加えてさらに炒める。
3、ねぎ、しらす、カリカリ梅、煎りごまを加えて混ぜ、塩、こしょうをふり、しょうゆを鍋肌から入れて混ぜる。
4、器に水菜を敷いて 3 を盛り、仕上げにのりを飾って完成。

たくあんぽりぽり納豆チャーハン

#パラパラ　#和風　#漬物　#納豆　#残りがち

[材料]

ごま油 …… 大さじ1
卵 …… 1個
ごはん …… 180g
たくあん（みじん切り）…… 40g
ねぎ（みじん切り）…… 5cm
納豆 …… 1パック
納豆のタレ …… 1袋
ラー油 …… 3〜4滴
しょうゆ …… 小さじ1
塩、こしょう …… 適量

定番の納豆チャーハンを
たくあん＋ラー油で！

[作り方]

1、熱したフライパンにごま油をひき、中火で溶いた卵を入れ、卵が半熟程度になったらごはんを入れてよく混ぜる。
2、たくあん、ねぎ、納豆を加えてさらに炒める。
3、納豆のタレ、ラー油、しょうゆを入れ、塩、こしょうで味をつけ、さっと炒め合わせて完成。

なめたけと小松菜チャーハン

#パラパラ　#和風　#小松菜　#残りがち

なめたけを入れるだけ！
小松菜で栄養価と見栄えも◎

[材料]

小松菜……1株
ごま油……大さじ1
卵……1個
ごはん……180g
なめたけ……大さじ2
鶏ガラ（顆粒）……小さじ1
塩、こしょう……適量

[作り方]

1、小松菜はゆでてみじん切りにする。
2、熱したフライパンにごま油をひき、中火で溶いた卵を入れて軽く混ぜ、卵が半熟程度になったらごはんを加えて全体をよく炒める。
3、なめたけと小松菜、鶏ガラを入れてよく炒め、塩、こしょうで味をつける。なめたけ（分量外）をのせる。

アボカドとのり佃煮チャーハン

#しっとり #和風 #残りがち #組み合わせ絶妙！

「ごはんですよ！」がオススメ！

[材料]

ねぎ…… 1/3 本
プロセスチーズ（6P チーズ）…… 1個
アボカド …… 1/4 個
バター …… 10g
ごはん …… 180g
のりの佃煮 …… 大さじ 2

[作り方]

1、ねぎは半量ずつみじん切りと白髪ねぎにする。プロセスチーズは 1cm角に切り、アボカドは 1cm幅の薄切りにする。
2、熱したフライパンにバターを入れ中火にかけ、バターが溶けたらごはんを炒め、のりの佃煮を加えて炒め合わせる。
3、みじん切りのねぎ、プロセスチーズを加えてさっと炒め、器に盛ってアボカドと白髪ねぎをのせる。

ザーサイ塩チャーハン

#パラパラ　#漬物　#残りがち　#究極のシンプル！

[材料]

サラダ油 …… 大さじ1
卵 …… 1個
ごはん …… 180g
ザーサイ（粗みじん切り）…… 50g
ねぎ（みじん切り）…… 1/3本
ハム（みじん切り）…… 2枚
塩、こしょう …… 適量

[作り方]

1、熱したフライパンにサラダ油をひき、中火で溶いた卵を入れて軽く混ぜる。
2、卵が半熟程度になったらごはんを加え、全体をよく炒める。
3、ザーサイ、ねぎ、ハムを入れ、塩、こしょうで味つけしてよく炒め合わせる。

ハムとザーサイでシンプルに仕上げる！

焦がしねぎと天かすのチャーハン

#しっとり #中華風 #こってり #ねぎが主役!

**天かすの悪魔的なやみつき感!
青のりも効いてる!**

[材料]

ごま油……大さじ1
にんにく(チューブ)……3cm
ねぎ(みじん切り)……1/3本
卵……1個
ごはん……180g
天かす……大さじ3
青のり……大さじ1
めんつゆ(2倍濃縮)……大さじ1と1/2
塩、こしょう……適量

[作り方]

1、フライパンにごま油をひき、にんにく、ねぎを入れて中火で色づくくらいまで炒め、端に寄せておく。
2、溶いた卵を入れ、卵が半熟程度になったらごはんを加えて全体をよく炒める。
3、天かす、青のり、めんつゆを入れて混ぜ、塩、こしょうで味をつける。

サラダチキンのわさびしょうゆチャーハン

#パラパラ　#和風　#スパイシー
#さっぱり　#組み合わせ絶妙！

いつものサラダチキンが大変身。
玉ねぎのシャキシャキ食感もたまらない！

［ 材料 ］

新玉ねぎ …… 1/4 個
サラダチキン …… 1/3 個
れんこん …… 3㎝
オリーブオイル …… 大さじ 1
卵 …… 1 個
ごはん …… 180g
塩、こしょう …… 適量
白ごま …… 大さじ1
A │ わさび …… 小さじ1
　│ しょうゆ …… 小さじ1
　│ オリーブオイル …… 大さじ1
　│ 酢 …… 大さじ1

［ 作り方 ］

1、新玉ねぎは薄切りにし、水にさらして水気をきる。サラダチキンは手で割いてほぐす。れんこんは粗いみじん切りにする。
2、熱したフライパンにオリーブオイルを入れ、中火でれんこんを炒め、端に寄せておく。
3、溶いた卵を入れて混ぜ、卵が半熟程度になったら、ごはんを加えて全体を炒め、塩、こしょうで味つけする。白ごまを入れて火を止め、さっと炒め合わせたら器に盛る。
4、ボウルに新玉ねぎ、サラダチキン、混ぜ合わせた A を入れてよく混ぜ、3 のチャーハンにのせる。

ピーナッツバター &豆板醤のチャーハン

#しっとり #中華風 #豚肉 #残りがち #スパイシー #にんにく #豆苗

余りがちなピーナッツバターと
味噌が意外なマッチング

[材料]

サラダ油…… 大さじ1
にんにく(チューブ)…… 3cm
豚ひき肉…… 50g
卵…… 1個
ごはん…… 180g
A | ピーナッツバター…… 大さじ1
　| 豆板醤…… 小さじ1/2
　| 味噌…… 小さじ1
　| 酒…… 大さじ1
ねぎ(みじん切り)…… 1/3本
豆苗(ざく切り)…… 20g
塩、こしょう…… 適量

[作り方]

1、熱したフライパンにサラダ油大さじ1/2をひき、にんにくを入れてひき肉を炒め、端に寄せる。
2、サラダ油大さじ1/2を入れて熱し、中火で溶いた卵を入れ、半熟程度になったらごはんを加えて全体を炒める。
3、混ぜ合わせたAを加えて炒め、ねぎと豆苗を加え、塩、こしょうで味をつける。

マスタードと味噌のチャーハン

#しっとり　#味噌　#ウインナー　#豆苗　#食感◎　#組み合わせ絶妙!

マスタードの酸味と
みりんの甘味がベストマッチ

[材料]

オリーブオイル……大さじ1
ウインナー（輪切り）……2本
卵……1個
ごはん……180g
A　味噌……小さじ2
　粒マスタード……小さじ2
　みりん……小さじ2
ねぎ（みじん切り）……1/3本
豆苗（ざく切り）……1/3パック
塩……適量
黒こしょう……適量

[作り方]

1、熱したフライパンにオリーブオイルをひき、中火でウインナーを炒め、端に寄せる。
2、溶いた卵を入れ、卵が半熟程度になったらごはんを加えて全体をよく炒める。
3、混ぜ合わせたAを入れてよく混ぜ、ねぎ、豆苗を加えて炒め、塩、黒こしょうで味をつける。

冷蔵庫のタバスコを活用！
入れすぎ注意！

[材料]

オリーブオイル…… 大さじ1

A ウインナー（輪切り）…… 2本
  ピーマン（みじん切り）…… 1個
  玉ねぎ（みじん切り）…… 1/4個

バター …… 5g

卵 …… 1個

ごはん …… 180g

B 鶏ガラ（顆粒）…… 小さじ1
  ケチャップ …… 大さじ1
  タバスコ …… 小さじ1/2
  塩、こしょう …… 適量

粉チーズ …… 適量

[作り方]

1、熱したフライパンにオリーブオイルをひき、中火でAを炒めていったん取り出す。
2、バターを溶かし、溶いた卵を入れ、半熟程度になったらごはんを加えて全体をよく炒める。
3、1を戻し入れて炒め合わせ、Bで味をつける。器に盛り、仕上げに粉チーズをふる。

辛さが決め手！ ナポリタンチャーハン

#しっとり #ケチャップ #ウインナー
#スパイシー #チーズ

株式会社ニチレイフーズに突撃取材！

あの冷凍チャーハンのおいしさのヒミツを知りたい！

「日本中の方に『本格炒め炒飯®』を召し上がっていただけるように、日々改良重ね続けています」

竹本さん　城戸さん

佐藤「さっそくですが、私はニチレイさんの『本格炒め炒飯®』をこどものときから食べていて大好きすぎて仕方がないのですが、おいしさの秘訣ってなんでしょうか?」

城戸さん「おいしさの秘訣の根底には、プロの料理人の作り方を参考にして大量生産に落とし込んでいるということがあります。プロの中華鍋のあおりを再現できるようにした、特許製法技術にもなっている『三段階炒め製法』に加えて、こだわりのある自社製の焼豚や焦がしねぎ油を使用しているところがおいしさの秘訣かなと思います」

佐藤「なるほど！　大量調理でもプロの職人さんの作り方になるように、ひとつひとつの工程を丁寧にこだわって作られているということですね」

佐藤「2021年の春で発売から20年が経った『本格炒め炒飯®』ですが、ロングセラーになった理由はなんだと思いますか?」

城戸さん「これほどのロングセラーにできたのは、おそらく"満足しなかったから"だと思います。おいしさへのチャレンジを続け、毎年リニューアルをすることで、お客様にその時代に合った『本格炒め炒飯®』を提供しております」

炒飯への熱い想いに感動です！

炒飯の妖精イタメくん® とも握手！

佐藤「心に突き刺さります。その追求心や熱量がロングセラーの理由だったのですね！」

城戸さん「あとは、ニチレイフーズ社員としてこの商品を“みんなで育てよう”という気運が社内に強くあります。より多くの皆様に召し上がっていただけるようになるには、まだまだ改良の余地があると思っており、その想いで、全社員一丸となって育てているんです」

佐藤「満足せずに全社員一丸となって育てていく……！その努力や愛の形がロングセラーという結果にあらわれているんですね」

発売からこの20年間、現状に満足せずに常によりおいしい炒飯を、改良に改良を重ねいろいろな意見や工程を経て、至ったニチレイの『本格炒め炒飯®』。今回の取材を通してますます好きになってしまった私でした。

20年連続売上 No.1※の『本格炒め炒飯®』

教わった通りに作って（チンして）みた！

ポイントはドーナツ形！

電子レンジで温めるときは炒飯をドーナツ形にして真ん中に穴をあけてチンするのがポイント。炒飯のおいしさのポイントはなんといっても水分。特に真ん中は水分が溜まりやすく蒸れるので、ドーナツ形にすると水分が蒸れずにさらにおいしくパラパラに仕上がります。時間に余裕があるなら、やはりフライパンで油をひかずに炒めることがさらにおいしくなるポイントだそう。いろいろな調理方法を試して自分好みの作り方を探してみよう。

※インテージ SRI 冷凍調理・炒飯カテゴリー　2001年3月～2021年2月　累計販売金額

町中華のチャーハンを再現!

ラードでお米の旨みを引き出す!

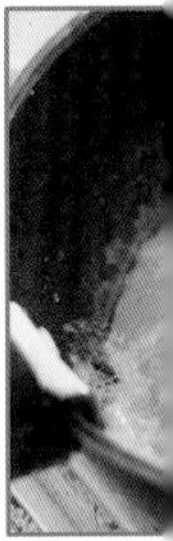

お店で大人気の卵トッピング

中華徳大
東京都杉並区荻窪 5-13-6
TEL：03-3393-2082

佐藤 memo

ほうれん草は切ったあとにキッチンペーパーや新聞紙などでくるんで水気をきっておくことがポイント。

『中華徳大』のホウレン草焼飯

[材料]

豚肉

豚バラ肉 …… 60g
水溶き片栗粉 …… 適量
A | しょうゆ …… 小さじ 1/2
　| うまみ調味料 …… 少々

チャーハン

混合油（サラダ油：ラード＝1：1）
　…… 大さじ 2
卵 …… 1個
ごはん …… 270g
ねぎ（みじん切り） …… 1/ 3本
B | 塩 …… 小さじ 1/4
　| うまみ調味料 …… 小さじ 1/2
ほうれん草（みじん切り） …… 60g
しょうゆ …… 少々

らんらんトッピング

卵 …… 2個
塩 …… ふたつまみ
うまみ調味料 …… ひとつまみ
混合油（サラダ油：ラード＝1：1）
　…… 大さじ 1と1/2
バター …… 10g

[作り方]

豚肉

1、豚肉に水溶き片栗粉をまぶし、熱した油（分量外）で揚げ、中まで火を通す。かたくなりすぎないよう注意し、やわらかめに揚げるのがコツ。揚げた肉に A をまぶす。

チャーハン(少しうす味に仕上げるのがコツ)

1、フライパンに混合油を熱し強火で溶いた卵を入れ、周りがふつふつとしたらごはん、ねぎを入れる。ひっくり返してねぎが下にくるようにし、ねぎにしっかりと火を通し、B を入れてよく炒める。ごはんに少し焦げ目ができるくらいを目安にする。
2、刻んで水気をきったほうれん草を加えてさっと炒め、しょうゆで味を調えて器に盛る。
3、豚肉をのせ、その上にらんらんトッピングを作って盛りつける。

らんらんトッピング（卵）

1、卵を溶き、塩、うまみ調味料を入れて混ぜ合わせる。
2、フライパンに混合油を入れてバターを溶かし、1の溶き卵を入れる。
3、卵の周りがふわっとなって半熟よりかためくらいで火を止める。

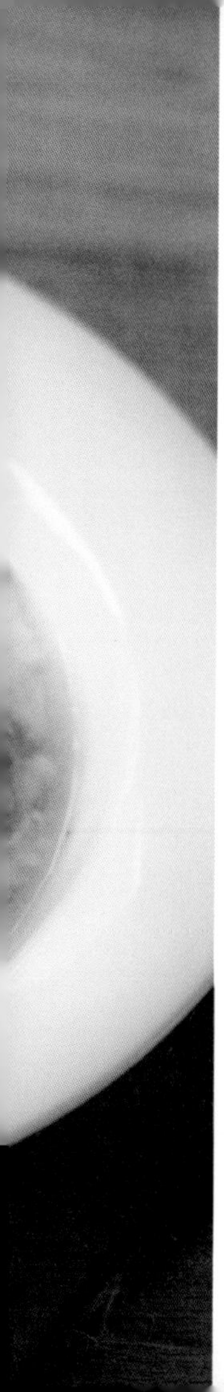

菜の花で春を感じて。卵白で見た目が美しく

菜の花のスープチャーハン

#スープ #和風 #卵 #さわやか

[材料]

チャーハン

サラダ油…… 大さじ1
卵黄…… 1個分
ごはん…… 180g
A | ねぎ（みじん切り）…… 1/3本
　| ハム（みじん切り）…… 2枚
B | 鶏ガラ（顆粒）
　| …… 小さじ1/2
　| 塩、こしょう…… 適量
しょうゆ…… 小さじ1

スープ

菜の花…… 30g
C | 水…… 180㎖
　| 鶏ガラ（顆粒）…… 小さじ1/2
　| 塩…… 少々
　| しょうゆ…… 小さじ1/2
　| 酒…… 小さじ1
水溶き片栗粉…… 水と粉小さじ1ずつ
卵白…… 1個分
ごま油…… 少々

[作り方]

1、スープに入れる菜の花は2～3㎝長さに切っておく。
2、熱したフライパンにサラダ油を入れ、中火で卵黄とごはんを入れて全体を炒め、Aを加えてさらに炒め、Bで味つけする。しょうゆを入れてさっと炒め、器に盛る。
3、Cのスープの材料を鍋に入れて火にかけ、沸騰したら火を止めて水溶き片栗粉を少しずつ入れる。
4、火にかけてとろみがでたら菜の花を加えて卵白を回し入れ、風味づけにごま油をたらし、2にかける。

春キャベツと桜えびのチャーハン

#パラパラ #洋風 #桜えび #ねぎ #にんにく #残りがち

[材料]

オリーブオイル …… 大さじ１
A | とうがらし（輪切り）…… １本
　| にんにく（チューブ）…… 3cm
キャベツ（ざく切り）…… 40g
卵 …… １個
ごはん …… 180g
ねぎ（みじん切り）…… 1/3 本
桜えび …… 大さじ３
B | 鶏ガラ（顆粒）…… 小さじ1
　| 塩、こしょう …… 適量
しょうゆ …… 小さじ１

[作り方]

1、熱したフライパンにオリーブオイル大さじ 1/2 をひいて A を入れ、キャベツを炒め、端に寄せる。
2、残りのオリーブオイルを入れて熱し、中火で溶いた卵を入れ、半熟程度になったらごはんを加えて全体を炒める。
3、ねぎ、桜えびを加えてさらに炒め、B で味つけし、鍋肌からしょうゆを入れてさっと炒め合わせる。

にんにく、とうがらしでペペロンチーノ風！

そら豆と桜えびの
さっぱり塩チャーハン

#パラパラ #塩
#桜えび #さっぱり
残りがち

大きなそら豆をたっぷりと
味はシンプルな塩味で

[材料]

サラダ油…… 大さじ1と1/2
玉ねぎ（みじん切り）…… 1/4 個
卵…… 1個
ごはん…… 180g
そら豆（皮をむく）…… 20 粒程度
桜えび…… 大さじ 2
A | 鶏ガラ（顆粒）…… 小さじ1
　| 塩、こしょう…… 適量

[作り方]

1、熱したフライパンにサラダ油大さじ 1/2 をひいて玉ねぎを炒め、端に寄せる。
2、油大さじ 1 を入れて熱し、中火で溶いた卵を入れ、半熟程度になったらごはんを加えて全体を炒める。
3、そら豆、桜えびを加えてさらに炒め、A で味つけしてさっと炒めて完成。

にんにくとバターコーンが最高！

コーン缶のガリバタチャーハン

#パラパラ　#洋風　#にんにく　#バター

［材料］

ハム …… 2枚
枝豆 …… 大さじ2
サラダ油 …… 大さじ1
にんにく（チューブ） …… 3cm
卵 …… 1個
ごはん …… 180g
コーン缶（粒） …… 大さじ3
バター …… 10g
鶏ガラ（顆粒） …… 小さじ1
塩、こしょう …… 適量
しょうゆ …… 小さじ1

［作り方］

1、ハムは1cm角に切り、枝豆は豆をさやから取り出しておく。
2、熱したフライパンにサラダ油をひいて中火でにんにくを炒め、溶いた卵を入れ、半熟程度になったらごはんを加えて全体を炒める。
3、ハムと枝豆、コーン、バター、鶏ガラを加えてさらに炒め、塩、こしょうで味をつけ、しょうゆを鍋肌から入れてさっと炒める。

オクラと納豆のネバネバチャーハン

#しっとり #和風 #納豆 #食感◎

ネバネバ× 2 でおいしさも倍増。
免疫力もアップ！

[材料]

オクラ …… 4本
ベーコン …… 40g
サラダ油 …… 大さじ1
卵 …… 1個
ごはん …… 180g
納豆 …… 1パック
A | 納豆のタレ …… 1袋
 | 塩、こしょう …… 適量
しょうゆ …… 小さじ 1
けずりぶし …… 適量

[作り方]

1、オクラは小口切り、ベーコンは 2cm幅に切り、フライパンにサラダ油大さじ 1/2 をひいてベーコンとオクラを炒め、端に寄せておく。
2、サラダ油大さじ 1/2 を入れて熱し、中火で溶いた卵を入れ、半熟程度になったらごはんを加えて全体を炒め、納豆を入れて A で味をつける。
3、鍋肌からしょうゆを入れて混ぜ、盛りつけてからけずりぶしを散らす。

みょうが、しょうが、大葉、ねぎで
カラダにやさしい

薬味どっさり塩チャーハン

#パラパラ　#〆に　#みじん切りがうまい！　#香り

[材料]

サラダ油 …… 大さじ1
卵 …… 1個
ごはん …… 180g
A | みょうが（みじん切り）…… 1本
しょうが（みじん切り）…… 1/4 かけ
大葉（みじん切り）…… 2 枚
ねぎ（みじん切り）…… 1/3 本
ハム（みじん切り）…… 2 枚
B | 鶏ガラ（顆粒）…… 小さじ1
ゆずこしょう …… 小さじ1
塩、こしょう …… 適量
大葉（千切り）…… 2 枚

[作り方]

1、熱したフライパンに油を入れ、中火で溶いた卵を入れ、半熟程度になったらごはんを加えて全体を炒める。
2、A を加えて炒め、B で味をつけて炒め合わせる。
3、器に盛り、仕上げに大葉を飾る。

なすとみょうがと豚肉のチャーハン

#パラパラ #和風 #豚肉 #さっぱり #香り

みょうがをたっぷり入れて夏を感じて。
豚肉となすの相性も抜群

[材料]

なす …… 1/2 本
豚バラ肉 …… 50g
サラダ油 …… 大さじ1
卵 …… 1個
ごはん …… 180g
みょうが（みじん切り）…… 1/2 本
A │ 鶏ガラ（顆粒）…… 小さじ1
　│ 塩、こしょう …… 適量
　│ しょうゆ …… 小さじ1
レモン …… 適量
みょうが（千切り）…… 1/2 本

[作り方]

1、なすは半月切り、豚肉は 2cm幅に切る。
2、フライパンに油をひいて熱し、豚肉、なすを中火で炒めて端に寄せる。溶いた卵を入れ、半熟程度になったらごはんを加えて全体を炒める。
3、みょうが（みじん切り）を加え、Aで味をつけてレモン汁をさっとふりかけ、混ぜ合わせる。器に盛り、仕上げにみょうが（千切り）を散らす。お好みでレモンを添える。

きのこたっぷり
バターしょうゆチャーハン

#パラパラ #和風 #きのこ #バター

[材料]

えのき …… 1/4 パック
エリンギ …… 1 本
ベーコン …… 40g
しめじ …… 1/4 パック
サラダ油 …… 大さじ 1
卵 …… 1個
ごはん …… 180g
A | バター …… 10g
  | 塩、こしょう …… 適量
しょうゆ …… 小さじ 1
小ねぎ（小口切り）…… 1/3 本

[作り方]

1、えのきはざく切り、長さを半分に切ったエリンギは薄切り、ベーコンは 1cm幅に切り、しめじはほぐす。
2、熱したフライパンにサラダ油大さじ 1/2 を入れ、中火でベーコンをカリカリになるまで炒め、きのこを加えて炒め別皿に取り出す。
3、油大さじ 1/2 を入れて熱し、中火で溶いた卵を入れ、半熟程度になったらごはんを加えて全体を炒め、2 を戻し入れて、A で味をつけて最後に鍋肌からしょうゆを入れさっと炒める。器に盛り、小ねぎを散らして完成。

point

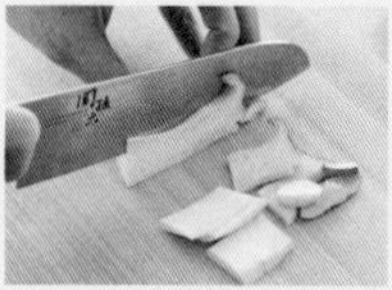

きのこ類はなるべく同じサイズになるように切ると、火の入り具合も均等になります。細かく刻みすぎると味を感じにくくなるので注意。

バターしょうゆが最高！
余ったきのこを活用してみて

北海道いくら鮭コーンバターチャーハン

#パラパラ　#洋風　#魚介類　#コーン　#バター

[材料]

鮭 …… 50g
サラダ油 …… 大さじ 1
卵 …… 1個
ごはん …… 180g
コーン缶（粒）…… 大さじ 2
A | バター …… 10g
　| 鶏ガラ（顆粒）…… 小さじ1
　| 塩、こしょう …… 適量
しょうゆ …… 小さじ 1
いくら …… 適量

[作り方]

1、鮭は焼いてほぐしておく（鮭フレークでも可）。
2、熱したフライパンに油を入れ、中火で溶いた卵を入れ、半熟程度になったらごはんを加えて全体を炒める。
3、鮭、コーンを加えて A で味つけし、鍋肌からしょうゆを入れてさっと炒めて器に盛る。仕上げにいくらをのせる。

北海道食材を全部のせ！
いくらで贅沢な味わいに

とろみとやさしい味で癒やされて。
あんはよく混ぜながら
少しずつ片栗粉を入れるのがコツ

とろみあんかけ 鮭レタスチャーハン

#あんかけ #和風 #魚介類 #レタス #さっぱり #〆に

［ 材料 ］

鮭…… 50g
レタス…… 2 枚
ねぎ…… 1/3 本
しめじ…… 20g
ごま油…… 大さじ1
卵…… 1個
ごはん…… 180g
塩、こしょう…… 適量
鶏ガラ（顆粒）…… 小さじ 1
A
- 水…… 180㎖
- 鶏ガラ（顆粒）…… 小さじ2
- 塩、こしょう…… 適量
- 水溶き片栗粉 ……水と粉大さじ 1/2 ずつ

ねぎ（みじん切り）…… 適量

［ 作り方 ］

1、鮭は焼いてほぐしておく（鮭フレークでも可）。レタスはひと口大にちぎり、ねぎはみじん切り、しめじはほぐしておく。

2、熱したフライパンに油を入れ、中火で溶いた卵を入れ、半熟程度になったらごはんを加えて全体を炒め、鮭、ねぎを入れ、塩、こしょう、鶏ガラで味をつけ器に盛る。

3、フライパンにごま油小さじ 1（分量外）を入れ、しめじとレタスをさっと炒め合わせる。

4、A を合わせて加え、とろみが出たらねぎを入れ、2 にかけて完成。

ちゃちゃっと手早く！

缶詰チャーハンレシピ

缶詰はアドリブの強い味方！ 汁も活用！

ほたて缶チャーハン

[材料]

アスパラガス …… 3本
オリーブオイル …… 大さじ1
卵 …… 1個
ごはん …… 180g
ほたて缶 …… 1缶
バター …… 10g
塩、こしょう …… 適量
しょうゆ …… 小さじ1
レモン汁 …… 少々
レモン …… 飾り用

[作り方]

1、アスパラガスは3cm長さの斜め切りに。
2、熱したフライパンにオリーブオイルをひいて中火でアスパラを炒め、端に寄せる。溶いた卵を入れて混ぜ、ごはんを入れてよく炒める。
3、ほたて缶を汁ごと加えて混ぜ、バターを入れて全体を炒め合わせ、塩、こしょうで味をつける。
4、しょうゆを鍋肌から入れてさっと炒め、器に盛ってレモン汁をふり、レモンを飾る。

#パラパラ #魚介類

さば缶チャーハン

[材料]

きゅうり …… 1/2本
ねぎ …… 1/3本
サラダ油 …… 大さじ1
しょうが（チューブ）…… 3cm
卵 …… 1個
ごはん …… 180g
さばみそ煮缶 …… 1/2缶
A | 鶏ガラ（顆粒）…… 小さじ1/2
　| 塩、こしょう …… 適量
しょうゆ …… 小さじ1

[作り方]

1、きゅうりは1cm角に切り、ねぎはみじん切りにする。
2、熱したフライパンに油を入れ、中火でしょうがと溶いた卵を入れて混ぜ、卵が半熟程度になったらごはんを加えて全体を炒める。
3、さばみそと缶汁大さじ2を入れて炒め、ねぎときゅうりを加えてさらに炒め、Aで味つけし、しょうゆを鍋肌から入れてさっと炒めたら完成。

#パラパラ #和風 #魚介類

かに缶チャーハン

#パラパラ #和風 #魚介類

[材料]

サラダ油 …… 大さじ1
卵 …… 1個
ごはん …… 180g
バター …… 5g
塩、こしょう …… 適量
かに缶 …… 1缶
しょうゆ …… 小さじ1
すだち …… 飾り用

[作り方]

1、熱したフライパンに油をひき、中火で溶いた卵を入れ、ごはんを入れてよく炒める。
2、バターを加えて全体を炒め、塩、こしょうで味をつける。
3、かに缶を汁ごと入れ、しょうゆを鍋肌から入れてさっと炒め、器に盛ってすだちを飾る。

やきとり缶チャーハン

#パラパラ #和風 #鶏肉

[材料]

ねぎ …… 1/3本
サラダ油 …… 大さじ1
卵 …… 1個
ごはん …… 180g
焼き鳥缶（たれ）…… 1缶
塩、こしょう …… 適量
しょうゆ …… 小さじ1

[作り方]

1、ねぎは1cm厚さの輪切りにし、フライパンで焦げ目がつくまで焼き、取り出す。
2、熱したフライパンに油をひき、中火で溶いた卵を入れて軽く混ぜ、ごはんを加えて炒め合わせる。
3、1のねぎと焼き鳥缶をタレごと加えて炒め、塩、こしょうで味をつけ、しょうゆを入れてさっと炒め、器に盛る。お好みで七味とうがらしをふる。

いわし三昧チャーハン

#パラパラ #洋風 #魚介類

[材料]

アスパラガス …… 2本
ミニトマト …… 4個
オリーブオイル …… 大さじ1
にんにく（みじん切り）…… 小さじ1
とうがらし（輪切り）…… 1本
アンチョビ（みじん切り）…… 3尾
いわし缶 …… 1/2缶
ごはん …… 180g
しょうゆ …… 小さじ1
にんにくチップ …… 適量

[作り方]

1、アスパラガスは2cm長さの斜め切り、トマトは半分に切る。
2、フライパンにオリーブオイルをひき、弱火でにんにくととうがらしを炒め、香りが出たらアンチョビを加えて炒める。
3、中火でアスパラガスを加えて炒め、火が通ったらトマトといわし缶を汁気をきって入れ、いわしをほぐしながら炒め、さらにごはんを加えて炒める。
4、しょうゆを鍋肌から回し入れ、さっと炒め合わせて完成。皿に盛り、にんにくチップを散らす。

佐藤樹里（さとう・じゅり）

日本一チャーハンを愛する管理栄養士。テレビ朝日「マツコ＆有吉 かりそめ天国」の番組内コーナー「ほんとうにうまい王道チャーハンガチガチランキング」にてチャーハン有識者の一人として出演。小学３年の初恋相手の家が中華屋さんだったことをきっかけに、現在まで5000食以上のチャーハンを食べてきた。チャーハン師匠に弟子入りし、おいしいチャーハンを研究中。アスドリファクトリー代表としてアスリートの栄養、トレーニング指導も行う。チャーハン食レポのほか、筋トレ、栄養情報を発信中。
HP：https://parapara.frypan.jp/juri/　Twitter：@JuriJapan1

撮影	加瀬健太郎、勝川健一
スタイリング	久保百合子
デザイン	野本奈保子（ノモグラム）
DTP	明昌堂
イラスト	尚味
校正	聚珍社
編集	松坂捺未、渡辺有祐（フィグインク）
撮影協力	UTUWA ☎03-6447-0070

うちで作る
チャーハンがウマい！

著　者　佐藤樹里
発行者　池田士文
印刷所　大日本印刷株式会社
製本所　大日本印刷株式会社
発行所　株式会社池田書店
〒162-0851
東京都新宿区弁天町43番地
電話 03-3267-6821（代）
FAX 03-3235-6672

落丁・乱丁はお取り替えいたします。

ISBN978-4-262-13063-7

［本書内容に関するお問い合わせ］
書名、該当ページを明記の上、郵送、FAX、または当社ホームページお問い合わせフォームからお送りください。なお回答にはお時間がかかる場合がございます。電話によるお問い合わせはお受けしておりません。また本書内容以外のご質問などにもお答えできませんので、あらかじめご了承ください。本書のご感想についても、弊社HPフォームよりお寄せください。
［お問い合わせ・ご感想フォーム］
当社ホームページから
https://www.ikedashoten.co.jp/

21011007